Texte, Themen und Strukturen

Abiturvorbereitung Deutsch

Präsentationsprüfung

Arbeitsheft

Herausgegeben von
Bernd Schurf und
Andrea Wagener

Erarbeitet von
Catrin Siedenbiedel

Cornelsen

1 Die Präsentation

Eine Präsentation ist grundsätzlich die Vorstellung oder das Vorzeigen eines Gegenstands oder eines Themas vor einem Publikum. In der Schule versteht man darunter einen meist mediengestützten Vortrag zu einem vorgegebenen oder selbst entwickelten Thema. Seit einigen Jahren kann/muss eine Präsentationsprüfung als „alternative Lernleistung" in das Abitur eingebracht werden. Unterschiede in der Form können dabei von den spezifischen Anforderungen eines Bundeslandes, einer Schulform oder eines Unterrichtsfaches abhängen.

Erkundigen Sie sich vor Beginn der Arbeit an Ihrer Präsentation bei Ihrer Lehrkraft genau nach den für Sie zutreffenden Bedingungen.

Unter anderem nach folgenden Kriterien wird eine Präsentationsprüfung im Abitur bewertet:
- Qualität und Umfang der vermittelten fachlichen Inhalte
- Aktualität
- Kreativität
- Strukturierung der vorgetragenen Inhalte
- sachgerechter Einsatz der Medien
- Qualität der gewählten audio-visuellen Unterstützung
- Genauigkeit und logische Nachvollziehbarkeit der Darstellung
- rhetorische Qualität
- Reflexion über die Präsentationsmethode und die Argumentation in der Präsentation

1 Wo kommen in der Schule Präsentationen vor?

2 Präsentationen können auch außerhalb der Schule in verschiedenen Lebensbereichen vorkommen. Welche fallen Ihnen ein?

– *Feste: private oder geschäftliche Feiern, z. B. Geburtstag, Jubiläum*

Information **Vorteile einer Präsentationsprüfung**

Eine Präsentationsprüfung hat viele Vorteile gegenüber den traditionellen Prüfungsformen. Sie können sich in Ruhe zu Hause auf Ihr Thema vorbereiten und so zeigen, was Sie sich über einen längeren Zeitraum erarbeitet haben. Wichtig ist, dass Sie sich Ihr Thema zunächst intensiv aneignen, um es dann anschaulich und gut strukturiert zu vermitteln. Dabei sollten Sie immer Ihre Zuhörerinnen und Zuhörer vor Augen haben. Insbesondere bei den Präsentationsprüfungen im Abitur sind die Vorbereitungszeit und die Vortragszeit klar begrenzt. Dieses Heft hilft Ihnen, die Vorbereitungszeit so zu nutzen, dass Sie Ihr Thema erfolgreich präsentieren können.

Sie können das Heft als Schritt-für-Schritt-Anleitung zum Erstellen einer konkreten, schon thematisch festgelegten Präsentation nutzen oder als Trainingsprogramm für eine spätere Präsentation. Wählen Sie dann jeweils diejenigen Aufgaben aus, die Ihnen für Ihr Anliegen hilfreich erscheinen. Wenn Sie schon fortgeschritten sind, können Sie auch einfach einzelne Kapitel als Vertiefung Ihrer Kenntnisse heranziehen.

2 Die Präsentationsprüfung planen

Bevor Sie beginnen, Ihre Präsentation auszuarbeiten, sollten Sie genau überlegen, was die Aufgabenstellung von Ihnen verlangt und in welche Richtung Sie recherchieren müssen. So handeln Sie von Anfang an planvoll.

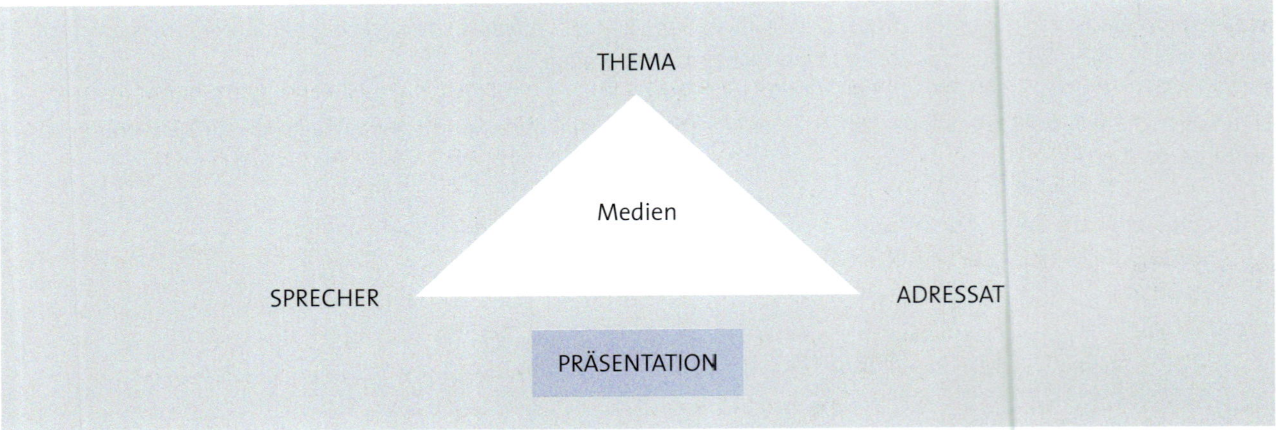

2.1 Die Aufgabenstellung verstehen

Schauen Sie zunächst, ob in Ihrer Aufgabenstellung Operatoren (d. h. Verben, die Ihnen sagen, was Sie tun sollen) vorkommen oder nicht. Überprüfen Sie bei den Operatoren, ob Sie wissen, was genau damit gemeint ist.

1 Notieren Sie in eigenen Worten, was mit den folgenden Operatoren gemeint ist.
Tipp: Im Internet finden Sie für einige Bundesländer verbindliche Operatorenlisten, die Ihnen erläutern, was die einzelnen Verben genau bedeuten.

vergleichen ______________________________

analysieren (ggf.: in Bezug auf) ______________________________

____

diskutieren/erörtern ______________________________

____

(ggf.: thesenartig) zusammenfassen ______________________________

charakterisieren ______________________________

2 Formulieren Sie die folgende Aufgabenstellung in eigenen Worten um.

> Erörtern Sie, inwieweit sich die Erfahrungen des Zweiten Weltkriegs in der Lyrik Ingeborg Bachmanns spiegeln.

Die Aufgabenstellung besagt, dass ich ______________________________

____

____

____

____

____

2.2 Das Thema eingrenzen

Themenfindung

Es gibt verschiedene Formen der Themenfindung bei Präsentationen. In manchen Bundesländern bekommt man für die Abitur-Präsentationsprüfung ein sehr spezifisches Thema vorgegeben, in anderen Bundesländern ist es üblich, eher allgemeine Themen zu definieren und es dem Prüfling zu überlassen, diese spezifischer zu gestalten.
Bei Präsentationen außerhalb des Abiturs kann die Themenfindung auch Teil der Aufgabe sein.

Information

In einigen Bundesländern ist es Pflicht, dass die **Themenstellung halbjahresübergreifend** ist, das heißt, dass die Themen zweier Halbjahre aus der Qualifizierungsphase der Oberstufe (12/1 bis 13/2) inhaltlich abgedeckt werden sollen. Das kann z. B. in Form eines Epochenvergleichs oder eines Werkvergleichs geschehen.
Unter Umständen wird stattdessen auch angeboten, eine fachübergreifende Präsentation zu gestalten (z. B. Deutsch/Kunst oder Deutsch/Geschichte).

Information

Gestaffelt von **sehr allgemein** bis zu **deutlich eingegrenzt** könnten Prüfungsaufgaben etwa lauten:

A) Sturm und Drang/Klassik

oder

B) Diskutieren Sie, inwiefern Johann Wolfgang von Goethes Drama *Faust. Der Tragödie erster Teil* ein typisches Werk der Weimarer Klassik ist und inwieweit es noch Elemente des Sturm und Drang enthält.

oder

C) Analysieren Sie Johann Wolfgang von Goethes Drama *Faust. Der Tragödie erster Teil* mit den Mitteln der Psychoanalyse nach Sigmund Freud und diskutieren Sie vor diesem Hintergrund, inwieweit das Stück als typischer Vertreter seiner Zeit gelten kann.

Je nach Themenstellung müssen Sie Zeit einplanen, um das Thema einzugrenzen bzw. zu konkretisieren. Machen Sie sich genau klar, was die Aufgabenstellung von Ihnen erwartet.

1 Welcher der Kategorien (A, B, C) gehört das Ihnen gestellte Thema an?

- ☐ A knappes Stichwort
- ☐ B Ausformulierung mit einem Operator und einem Schwerpunkt
- ☐ C Ausformulierung mit mehreren Operatoren und Schwerpunkten

Wenn das Thema der Kategorie A angehört, müssen Sie selbst eine Eingrenzung vornehmen. Sie könnten in Bezug auf das im Kasten genannte Thema z. B. überlegen, an welchen Beispielwerken Sie den Unterschied zwischen den beiden Epochen aufzeigen könnten. Sinnvoll wäre es dabei sicher, sich ein Phänomen herauszusuchen, z. B. die Rolle der Natur, die Rolle der Frau in Beispielwerken des Sturm und Drang oder der Klassik.
Sprechen Sie die Eingrenzung, wenn möglich, mit dem Prüfer oder der Prüferin ab.

2 Formulieren Sie für sich selbst zum Thema A eine konkretere Fragestellung mit Operatoren als Leitfaden. Anders als bei B und C sind hier viele verschiedene Eingrenzungen denkbar.

____

____

3 Machen Sie sich stichwortartig Notizen, was Ihnen an Ihrem eigenen Thema besonders wichtig erscheint und was Sie tun müssen, um dem Thema gerecht zu werden. Berücksichtigen Sie dabei, wie viel Zeit Ihnen zur Verfügung steht und was in dieser Zeit machbar ist.

2.3 Die Präsentationsform wählen

Information **Eingangskanäle**

Bei einer Präsentation ist Anschaulichkeit ein wichtiges Kriterium. Von den Gehirnforschern wissen wir, dass man neue Informationen mit verschiedenen „Eingangskanälen“ (Sehen, Hören, Anfassen/Fühlen/selbst-tätig-Werden, Riechen, Schmecken) aufnehmen kann und dass Neues am besten aufgenommen und am nachhaltigsten behalten wird, wenn mehrere Sinne gleichzeitig angesprochen werden.
Nun ist es nicht in jeder Präsentation sinnvoll, alle Sinne gleichermaßen zu berücksichtigen, doch sollte man versuchen, mehr als nur einen Sinn anzusprechen.

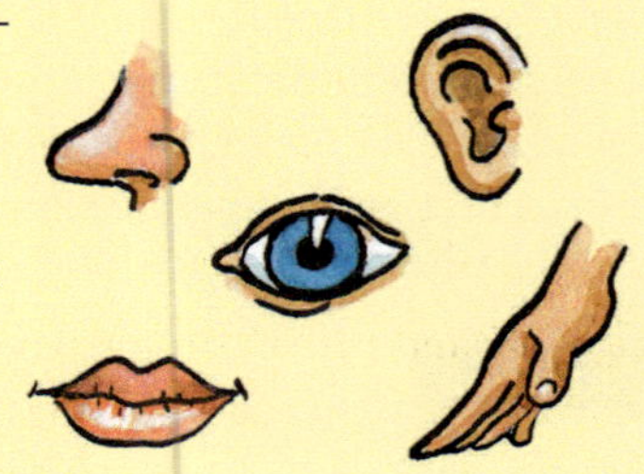

Unterschiedliche Präsentationsformen

1 Ergänzen Sie die folgende Grafik.

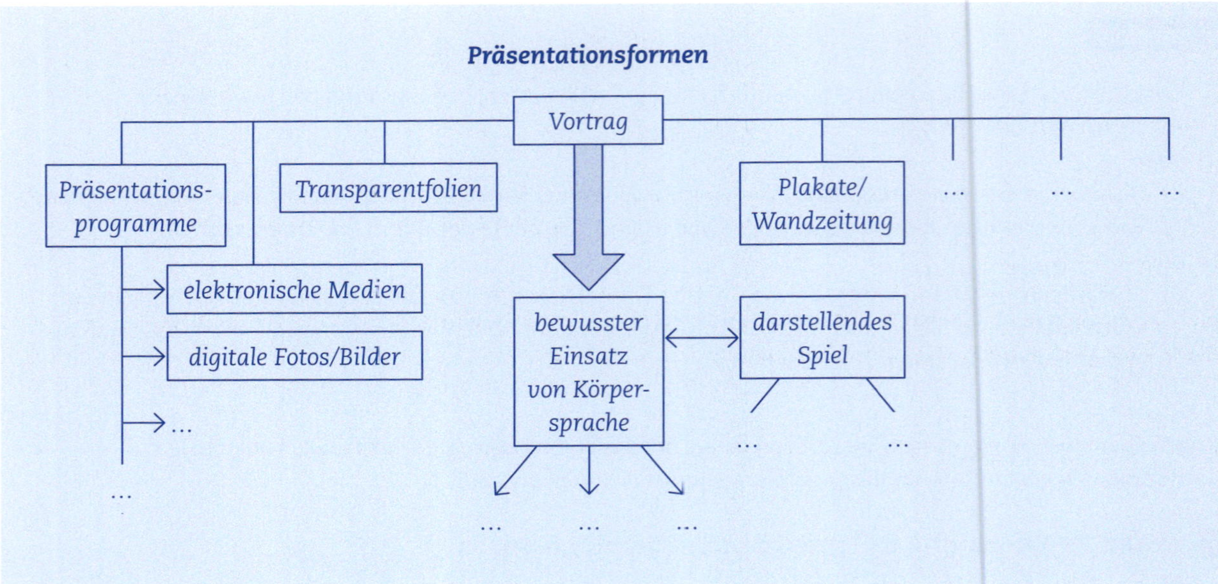

Kriterien für die Auswahl einer Präsentationsform

Die verschiedenen Präsentationsformen können auch miteinander kombiniert werden. Der „Vortrag“, in welcher Form er auch gestaltet wird, bildet dabei die Grundlage, die durch die verschiedenen Gestaltungselemente ergänzt und unterstützt wird. Bei der Wahl der Präsentationsformen sollte die **Angemessenheit von Form und Inhalt** die wesentliche Leitlinie sein, darüber hinaus entscheiden aber auch **persönliches Können** und **Adressatenbezug.**

Präsentationsidee vom Thema ableiten

Wenn das Thema z. B. „Ess- und Trinkkultur der Goethezeit“ lautet, würde es sich anbieten, Rezepte aus jener Zeit auszuprobieren und den Zuhörerinnen und Zuhörern beispielsweise ein Stück Kuchen anzubieten, wie Goethe es gegessen haben könnte.

2 Notieren Sie, welche Gestaltungsform für das folgende Thema naheliegen würde.

Wenn das Thema lautet „E.T.A. Hoffmann: Einfluss der zeitgenössischen Musik auf seine Erzählung Der Sandmann“, könnte man ____________________

____

3 Notieren Sie, welche Gestaltungsform(en) sich für Ihr eigenes Thema besonders anbieten würde(n).
Tipp: Ergänzen Sie diese Überlegungen, wenn Sie sich inhaltlich intensiver mit dem Thema auseinandergesetzt haben. Möglicherweise ergeben sich während der Arbeit noch ganz neue Ideen.

___

___

Präsentationsidee von der persönlichen Begabung ableiten

Wenn jemand z. B. Erfahrungen oder eine besondere Begabung im darstellenden Spiel hat, bietet es sich an, daraus auch ein Element der Präsentationsprüfung zu machen.
Jemand, der musikalisch ist, sollte überlegen, ob als ein Gestaltungselement auch ein Musikstück in Frage käme.
Wer sich mit Computern gut auskennt, kann mit einem Präsentationsprogramm arbeiten.
Jemand, der gut basteln oder mit Holz arbeiten kann, kann ein Anschauungsobjekt erstellen und in die Präsentation einbinden.

4 Notieren Sie, welche Gestaltungsform Ihnen persönlich am besten liegt.
Was gibt Ihnen Sicherheit? Was können Sie besonders gut?

___

___

___

Präsentationsidee auf den Adressaten abstimmen

Auch die Frage, wer im Publikum sitzt, sollte für die Wahl der Präsentationsform ein Kriterium sein. Wenn Sie vor Ihrer Klasse vortragen, wäre es sehr sinnvoll, die Gruppe z. B. durch Fragen oder ein kleines Rätsel mit in die Präsentation einzubinden, vielleicht auch eine Diskussion anzuregen. Das lockert die Vortragssituation etwas auf und erhöht die Aufnahmefähigkeit der Zuhörerinnen und Zuhörer.
In der Abiturprüfung jedoch ist es wenig ratsam, ein interaktives Element einzuplanen.

2.4 Einen Zeitplan erstellen

Wenn Sie einen Zeitplan für die Vorbereitung Ihrer Präsentation erstellen, sollten Sie vor allem auch überlegen, welche anderen Anforderungen in der Zeit an Sie gestellt werden: Klausuren? Private Verpflichtungen? Verpflichtungen aus Nebenjobs? Planen Sie zudem ein bisschen Luft für Unvorhergesehenes ein.

1 Welche Arbeitsphasen unterscheiden Sie und wie viel Zeit steht Ihnen jeweils dafür zur Verfügung?
Tipp: Bedenken Sie, dass einige Arbeitsphasen mehr Zeit benötigen als andere. Vergessen Sie nicht, am Ende genug Zeit für das „Vortrag-Üben“ einzuplanen. Das ist ganz wichtig, um die Aufregung bei der Präsentation gering zu halten. Möglicherweise entdecken Sie beim Üben auch, dass noch weitere Änderungen nötig sind.

Arbeitsphase	Zeit	Arbeitsphase	Zeit
– Themenfindung/Präzisierung			

3 Das Material beschaffen

3.1 Informationen sammeln

Es gibt verschiedene Möglichkeiten, Informationen zu einem Thema zu sammeln. Um die Recherche möglichst umfassend zu gestalten, ist es sinnvoll, verschiedene Methoden miteinander zu kombinieren. So lassen sich die Stärken und Schwächen der unterschiedlichen Zugänge leicht erkennen.
Während der Arbeit an einem Thema kann es verschiedene Phasen der Informationsbeschaffung geben. Sie können zu Beginn auf der Suche nach einem Thema oder der Spezifizierung eines Themas eher breit gefächert recherchieren und später, wenn das Thema klar eingegrenzt ist, in die Tiefe gehen. Für die unterschiedlichen Phasen bieten sich unterschiedliche Methoden an.

1 Welche der unten angegebenen Recherchemöglichkeiten nutzen Sie schon?

____

____

2 Welche Stärken und Schwächen haben die verschiedenen Informationsquellen? Worauf muss man achten?

Informationsquelle	Vorteile	Nachteile
Internetrecherche		
Bibliotheksrecherche		
Expertenbefragung		
Tages-/Wochenzeitungen		
Fachzeitschriften		
Interpretationshilfen		
Primärwerke (d.h. Dramen, Gedichte, Erzählungen, Romane ...)		

Internet

Das Internet ist heutzutage eine der beliebtesten Quellen zur Recherche, weil es relativ leicht zugänglich ist und eine Fülle von aktuellen Informationen bietet. Es hilft Ihnen, schnell einen ersten Überblick über das Thema zu gewinnen. Wenn Sie jedoch intensiver recherchieren wollen, ist es manchmal schwierig, aus der Fülle der Informationen im Internet die relevanten und vor allem die seriösen auszuwählen. Suchmaschinen (z.B. www.google.de, http://de.yahoo.com/ oder http://de.altavista.com/) helfen nur bedingt weiter, da sie die Reihenfolge der gezeigten Ergebnisse entweder an kommerziellen Gesichtspunkten oder an der Häufigkeit des Aufrufens ausrichten, nicht aber an der Relevanz oder Seriosität der Quellen.
Als seriös gelten Internetseiten vor allem dann, wenn ein klar benannter und als Experte ausgewiesener Autor, eine solche Autorin oder eine seriöse Institution (z.B. eine Zeitung, ein Lexikonverlag, eine Universität etc.) für die Einträge verantwortlich zeichnet. Diese Information erhält man gewöhnlich entweder unter „Impressum" oder unter „Kontakt". Einige seriöse Anbieter beschränken allerdings den Zugang auf die Informationen z.B. auf Studenten der eigenen Universität oder auf zahlende Abonnenten.
Ein weiteres Problem bei der Informationsbeschaffung im Internet ist, dass viele Seiten häufig überarbeitet, korrigiert und verändert werden. Das erhöht zwar die Aktualität der Informationen, macht es aber zugleich schwierig, sie wissenschaftlich zu verwenden, weil sie in Bezug auf den Autor/die Autorin nach einer kurzen Zeit schon nicht mehr nachvollziehbar sind. Manchmal werden die Zugänge zu bestimmten Seiten auch nach einer gewissen Zeit gesperrt oder die Adressen haben sich geändert.

Information **Informationen aus dem Internet entnehmen**

Wenn Sie in Ihrer Präsentation eine Information aus dem Internet verwenden, müssen Sie diese als Zitat kennzeichnen. Das heißt, alles, was Sie wörtlich übernehmen, müssen Sie in Anführungszeichen setzen und am Ende die Adresse der Seite angeben – einschließlich des Datums, an dem Sie die Seite zuletzt überprüft haben. Hierzu drucken Sie am besten Seiten, die Sie zitieren wollen, direkt aus dem Internet aus – so haben Sie beide Informationen automatisch präsent.
Auch wenn Sie Informationen aus dem Internet nehmen, sie aber in eigenen Worten wiedergeben (paraphrasieren), müssen Sie die Homepage als Quelle angeben, z.B. Homepage der Autorin Elfriede Jelinek: http://www.elfriedejelinek.com/ [19.08.2009].

3 Suchen Sie eine Homepage, auf der Sie seriöse Informationen zu Peter Härtling finden, und schreiben Sie die Adresse und das entsprechende Datum heraus.

Methode

Für eine Präsentation bietet es sich auch an, **Bilder** zum Thema zu suchen, z.B. unter http://images.google.de oder unter http://de.altavista.com/image/default. Unter www.youtube.com finden sich Videos.
Wenn Sie nicht alles ausdrucken wollen, können Sie die gefundenen Seiten – je nach Browser (Internet Explorer, Mozilla Firefox, Safari, Google Chrome ...) – als „Lesezeichen" oder „Favoriten" markieren. Dabei gibt es häufig die Möglichkeit, Ordner anzulegen, dann können Sie die Links thematisch sortieren und finden alles schnell wieder.

4 Sammeln Sie nun Internetadressen, die zu Ihrem Thema passen.

Information

Wenn Sie nicht wissen, wo Sie Ihre **Suche im Internet** beginnen sollen, gehen Sie von www.wikipedia.de aus. Die Informationen von dort sind zwar nicht immer verlässlich, aber Sie finden häufig weitere Links zum Thema.

Bücher

Die Informationen, die Sie Büchern entnehmen, sind in der Regel vertrauenswürdig, da besonders in Schulbuchverlagen oder wissenschaftlichen Verlagen Lektoren deren Seriosität überprüfen. Dennoch ist es auch bei Fachbüchern ratsam, mehrere Quellen miteinander zu vergleichen, da verschiedene Autoren oft verschiedene Theorien vertreten, z.B. was die Interpretation eines Werkes angeht. Dabei ist es wichtig, darauf zu achten, wann ein Buch zum ersten Mal erschienen ist und ob der Text für die aktuelle Auflage verändert wurde. So kann es z.B. Goethe-, Schiller- oder Lessing-Ausgaben geben, die der neuen Rechtschreibung angepasst wurden.

Methode

Wenn Sie in Büchern recherchieren, ist es sinnvoll, **wichtige Passagen,** die Sie später verwenden wollen, zu kopieren oder zu exzerpieren. Notieren Sie dabei unbedingt gleich die bibliografischen Daten. Sie müssen sie später angeben, wenn Sie wörtlich zitieren oder die Inhalte paraphrasieren. Zum richtigen Zitieren lesen Sie bitte Kapitel 6.2.

5 Suchen Sie im Internet oder in der Bibliothek drei Bücher, die zu Ihrem Thema passen, und notieren Sie auf einem Blatt Papier die vollständigen bibliografischen Angaben.

Bibliothek

Wenn Sie in einer Bibliothek nach Informationen suchen, helfen Ihnen Kataloge weiter, in denen die Titel der Werke, ihre Autoren und die behandelten Themen verzeichnet sind.
In größeren Bibliotheken sind diese Kataloge elektronisch zugänglich (z.B. OPAC-Katalog), einige Bibliotheken bieten sogar an, dass man über das Internet im Katalog recherchieren kann. In vielen Bibliotheken gibt es Kataloge in Form von Karteikarten oder verkleinert als Microfiche. Vor allem ältere Werke finden sich oft in diesen konventionellen Katalogen. In einigen Bibliotheken können Sie sich mit Hilfe der Signatur die Bücher selbst aus den Regalen holen (Freihandbereich). Lassen Sie sich hierzu von der diensthabenden Aufsicht erklären, wie die Bibliothek sortiert ist. In anderen Bibliotheken sind die Bücher in sogenannten Magazinen aufbewahrt – dann ist man auf die Hilfe der Bibliothekare angewiesen. Nicht alle Bücher können ausgeliehen werden. Vor allem Nachschlagewerke, Zeitschriftenbände oder sehr teure Ausgaben zählen häufig zum Präsenzbestand einer Bibliothek. Wenn man Informationen aus diesen Werken entnehmen will, muss man die wichtigsten Stellen kopieren, abschreiben oder exzerpieren.

6 Welche verschiedenen Bibliotheken gibt es in Ihrer näheren Umgebung?

____

____

7 Suchen Sie drei Werke zu Ihrem Thema in der nächstgelegenen Bibliothek. Exzerpieren Sie aus einem der Bücher die für Sie relevanten Informationen. Ergänzen Sie dann die Spalten der Tabelle.
Tipp: Wenn Sie später eine Folie oder eine Präsentation mit einem Präsentationsprogramm gestalten wollen, speichern Sie Ihr Exzerpt gleich auf dem Computer.

Bibliografische Angaben	Inhalt: stichwortartige Sammlung der für Sie relevanten Thesen	Seiten-angabe	Kommentar
Autor:			
Titel:			
Verlag:			
Erscheinungsort:			
Erscheinungsjahr:			

Archive

In Archiven werden Informationen gesammelt, die noch nicht aufgearbeitet sind. Wenn Sie z.B. ein Thema bearbeiten, das noch nicht vollständig erforscht wurde, so bietet es sich an, ein Archiv (beispielsweise das einer Zeitung) aufzusuchen. Weitere Archive, die es in jeder größeren Stadt gibt und in denen Sie recherchieren können, sind

- ☐ Staatsarchive (Regional-, Landes- und Bundesbehörden),
- ☐ Kommunalarchive (Archive von Städten und Gemeinden),
- ☐ kirchliche Archive (Archive von Pfarr- und Kirchengemeinden, Bistümern etc.),
- ☐ Medienarchive (Archive von Zeitungen, Rundfunk- und Fernsehanstalten).

8 Kreuzen Sie an, welche Archive für die Recherche zu Ihrer Präsentation in Frage kommen.

Andere Quellen

Information **Nicht gedruckte Quellen**

Für eine Präsentation können Sie auch andere, neue Quellen verwenden. Sie können ein Interview mit einem Experten einbringen. Das mag z.B. ein Zeitzeugenbericht vom Mauerfall in Berlin sein, wenn Sie zur Literatur der deutsch-deutschen Wende arbeiten. Wenn Sie über das Theater arbeiten, lässt sich ein Bericht über eine Theaterbesichtigung einbeziehen und angeben, welche Informationen Sie auf diesem Weg bekommen haben. Dazu ist es wichtig, sich genaue Notizen zu machen.
Wenn Sie über Gegenwartsliteratur arbeiten, können Sie auch einen Autor/eine Autorin anschreiben und dessen/deren Antwort in Ihre Präsentation integrieren.
Auch hier gilt, dass Sie Ihre Quelle so genau wie möglich angeben (z.B. Datum des Interviews und beteiligte Personen, Datum und Absender/Adressat des Briefes etc.).

9 Notieren Sie Ideen, wie Sie den Kontakt zu einer lebenden Autorin/einem Autor herstellen können.

Methode

Bevor Sie umständliche Recherchewege einschlagen, sollten Sie eine **Kosten-Nutzen-Rechnung** aufstellen. Sammeln Sie deshalb Ideen für ungewöhnliche Quellen und wägen Sie dann ab, wie aufwändig es für Sie ist, an eine solche Quelle zu gelangen, und welcher Nutzen dagegengerechnet werden kann.

10 Ergänzen Sie die Tabelle: Notieren Sie, welche anderen Quellen für Ihre eigene Präsentation genutzt werden können, welchen Nutzen Sie sich davon versprechen und welchen Aufwand diese Recherche bedeuten würde.
<u>Tipp:</u> Wenn Sie ein Interview machen, bietet es sich – nach Rücksprache mit allen beteiligten Personen – an, das Interview mit einem Aufnahmegerät (Diktiergerät, Computer etc.) aufzunehmen und es später zu transkribieren.

Thema	Quelle	Nutzen	Aufwand
Thomas Bernhard	*Wiener Burgtheater – Besichtigung*	*Man könnte aus erster Hand erfahren, welche Rolle Thomas Bernhard heute am Burgtheater spielt, wie seine Geschichte dort ist und was für ein Konzept das Burgtheater überhaupt hat.*	*Insgesamt hoher Aufwand; lässt sich aber ggf. auf einer Klassenfahrt nach Wien organisieren; Fachlehrer könnte dabei helfen (?).*
________	________	________	________
________	________	________	________
________	________	________	________

3.2 Informationen auswerten

Wenn Sie viele Informationen gesammelt haben, müssen Sie sich überlegen, was Sie davon tatsächlich benötigen und in welcher Form Sie diese Auswahl in Ihre Präsentation einbringen möchten. Dazu wird es immer wichtiger, den genauen Inhalt der Präsentation festzulegen. Nachdem Sie das Material gesichtet haben, sollten Sie also Ihre Schwerpunkte setzen. Das bedeutet, dass Sie einige Aspekte betonen, andere vernachlässigen. Das ist ein wichtiger Schritt, damit Ihre Präsentation später einem klaren roten Faden folgt. Das Auswerten des Materials muss also Hand in Hand gehen mit der Planung des Inhalts der Präsentation (▶ Kap. 4). Möglicherweise entdecken Sie auch während der Auswertung, dass Ihnen noch bestimmte Informationen fehlen und Sie weitere beschaffen müssen.

Texte auswerten

Um Texte auswerten zu können, sollten Sie vorab folgende Schritte beachten:
- den Text zunächst zweimal gründlich lesen und dabei wichtige Textstellen unterstreichen bzw. markieren (ggf. mit verschiedenen Farben)
- unklare Ausdrücke nachschlagen (z. B. in einem Fremdwörterlexikon oder in einem Online-Fremdwörterbuch)
- Notizen am Rand machen, wenn Ihnen etwas besonders wichtig erscheint
- zum schnellen Wiederfinden von Textstellen farbige Post-it-Zettel verwenden: Unterschiedliche Farben sollten dabei unterschiedliche Inhalte kennzeichnen (z. B. Informationen zu den verschiedenen Figuren in einem Drama oder Roman).

Es gibt anschließend verschiedene Möglichkeiten, die relevanten Informationen festzuhalten.
Probieren Sie aus, welche Ihnen am ehesten liegt:
- Mindmap erstellen
- Tabelle anfertigen
- Karteikarten sammeln und ordnen

Methode

Karteikarten kann man in einem Karteikasten sortieren. Dabei sollte man sich gut überlegen, wie man sie thematisch so sortiert, dass man sie zu einem späteren Zeitpunkt problemlos wiederfindet.
Das Karteikastensystem kann man auch elektronisch anlegen und die Dateien auf dem Computer in Ordnern sortieren.

1 Stellen Sie sich vor, Sie sollen eine Präsentationsprüfung zum Thema „Anglizismen in der deutschen Sprache" vorbereiten. Lesen Sie den folgenden Textauszug gründlich.
Erschließen Sie sich den Text mit Hilfe der oben genannten Strategien. Sammeln Sie wesentliche Informationen und prägnante Textstellen für Ihre Präsentation, aus denen die Haltung des Autors gegenüber der Anglisierung der deutschen Sprache deutlich wird.

Jochen Bölsche: **Überall Fliegendreck** (2000)
Wie ein Virus, warnen Wissenschaftler, grassiert in Deutschland eine neue Unsitte: Pluralbildung mit Apostroph. Pessimisten fürchten, dass bald das neue Dummdeutsch dudenreif ist.

Sagt man nun Balkons oder Balkone? Pizzas oder Pizzen? Parke oder Parks? Taxis oder Taxen? „Die Pluralbildung im Deutschen", doziert die Potsdamer Linguistin Heide Wegener, „ist nicht chaotisch, aber komplex."
Warum heißt die Mehrzahl von Buch zwar Bücher, von Hund aber keineswegs Hünder? Ganz einfach: „Auf Grund der lautgesetzlichen Auslautverhärtung führt bei Simplizia, die auf einen Obstruenten auslauten, die native Pluralbildung zur Sonorisierung des Konsonanten", erläutert die Professorin.

Als wäre das alles nicht komplex genug, hat der deutsche Volksmund sich darangemacht, eine bislang völlig unbekannte weitere Pluralform zu bilden. Landauf, landab verunzieren Wörter wie „CD's" und „Croque's", „Kamera's" und „Souvenir's", „Autoradio's" und sogar „Gyro's" immer häufiger Anzeigen und Auslagen, Werbezettel und Fassaden von Bistros und Shops (die konsequenterweise Bistro's und Shop's heißen müssten).
Anfangs schien die Sprachseuche nur im Osten zu grassieren. Vor drei Jahren schlug die „Berliner Mor-

genpost“ Alarm, es gäbe in der Hauptstadt „keine Geschäftsstraße“ mehr, die nicht mit Schöpfungen wie „T-shirt's“ oder „Steak's“ dem falschen Apostroph fröne. Wenig später diagnostizierte die „Süddeutsche Zeitung“, die Apostrophitis rase „wie die Schwarzen Blattern“ durch die alten Länder. Mittlerweile scheint Deutschland flächendeckend infiziert, ohne Ausnahme.

Ob ein Bäcker im badischen Weinheim „Snack's“ offeriert, ein Erlanger Marktbeschicker „Bonbon's“ oder ein Hamburger Kaufmann „Handy's“ – allerorten schiebt sich das bazillenförmige Häkchen zwischen Wortstamm und -endung. „Überall schmeißen sie jetzt so einen Fliegendreck hin“, wendet sich die Wiesbadener Gesellschaft für deutsche Sprache angewidert ab.

Die Pluralverhunzung ist bereits die zweite Apostrophen-Katastrophe, die Deutschlands Linguisten erschüttert. Das erste Beben war unmittelbar nach der Wiedervereinigung ausgebrochen, als, in Überanpassung an die Fast-Food-Sprache des Westens, im Osten jeder Jungunternehmer seinen neuen Imbiss „Dora's Wurstexpress“ oder „Waldemar's Grillcorner“ nannte – obwohl der Duden schon zu Beginn des 20. Jahrhunderts zweifelsfrei verfügte: kein Apostroph vor dem Genitiv-s von Eigennamen.

Nach der Wende entsetzte sich die „Zeit“ über die „konsequente, ja absolut vollständige Negierung des deutschen Genitivs“ in den fünf neuen Ländern. Das Satire-Blatt „Titanic“ veröffentlichte Frontberichte aus den „fünf Neuen Apostroph-Missbrauchsgebieten“. Doch bald schon zeigte sich, dass der (angel-)sächsische Genitiv von den Sprachpflegern trotz aller Mühen „nicht zu stoppen“ war, wie 1998 die Deutsche Presseagentur meldete.

Die Rechtschreibwächter gaben schließlich klein bei. Zur Kennzeichnung des Genitivs von Namen, heißt es mittlerweile in der „Amtlichen Regelung der deutschen Rechtschreibung“, abgedruckt im neuen Duden, werde „gelegentlich“ ein Apostroph gesetzt, „um die Grundform eines Personennamens“ zu verdeutlichen – offizielles Musterbeispiel: „Andrea's Blumenecke“.

Nach dem stillen Rückzug der Sprachpäpste maulte der eine oder andere Feuilletonist noch über „Duden's neues Regelwerk“ („FAZ“), das „Ossi's Dummdeutsch offiziell abgesegnet“ habe (Zürichs „Tages-Anzeiger“). Mittlerweile scheint der Genitiv-Apostroph endgültig eingebürgert – zum Verdruss von Sprachkritikern, die sich nicht damit abfinden mögen, dass die „Flut der Amerikanismen“ im Deutschen „angeschwollen ist wie noch nie“, so der Publizist und „Kursbuch“-Herausgeber Karl Markus Michel, und dass „pseudoweltläufiges Neusprech sich überall durchsetzt“, so der Dortmunder Professor Walter Krämer, Vorsitzender des Vereins Deutsche Sprache und Autor einer einschlägigen Streitschrift.

Dabei handelt es sich bei dem zugewanderten Gastronomie-Genitiv nach Art von McDonald's immerhin noch um einen echten Anglizismus – im Gegensatz zum Apostroph-s-Plural: Der ist weder in England noch in den USA erlaubt , sondern schlicht dämlich. Dennoch fürchten Pessimisten, dass auch der Deppen-Plural bald schon dudenreif sein könnte – wenn er nur, im Gefolge des legalisierten Genitiv-Häkchens, massenhaft Verbreitung findet.

2 Vervollständigen Sie die Tabelle.

Quelle:			
Thema	**Inhalt**	**Zeilenangabe**	**Kommentar**
Die Pluralbildung			
mit Apostroph in der			
deutschen Sprache			

Andere Quellen auswerten

3 Sammeln Sie alle Quellen, Protokolle, Bilder, Tonmitschnitte, Zeitungsartikel, Internetseiten etc., die Sie nutzen möchten, in einer Arbeitsmappe oder speichern Sie sie im Computer in einem gesonderten Ordner.
Wenn Sie mit einer Mappe arbeiten, legen Sie Trennblätter zwischen die einzelnen Quellen und beschriften Sie sie, damit Sie auch bei längeren Rechercheaufgaben den Überblick bewahren. Achten Sie besonders darauf, die genauen Quellenangaben an Ort und Stelle mit anzugeben.

4 Arbeiten Sie nun alles Material durch, das Sie gesammelt haben, und markieren Sie die Passagen und Stichworte, die Sie für besonders relevant halten. Machen Sie sich – analog zum unten aufgeführten Beispiel – Notizen auf einem gesonderten Blatt, das Sie dann an den Anfang der Mappe heften.

Beispiel:
Präsentation zum Thema „Der Streit um Peter Sloterdijks Idee, die Steuern abzuschaffen – sollten sich Philosophen in den Massenmedien zu aktuellen politischen Themen äußern?"

Quelle	Datum	Wesentliche Informationen/ zentrale Position	Zitate	Position in der Präsentation
„Was bisher geschah – Eine Zitatensammlung aus der Sloterdijk-Debatte" Die Zeit, Nr. 45 (2009)	29. Oktober 2009	knappe Zusammenfassung des Dikussionsstandes		Zu Beginn der Präsentation könnte eine eigene Zusammenfassung stehen.
hr2-Presseschau http://www.ardmediathek.de/ard/servlet/content/3272600	26.10.2009	kurze mündliche Zusammenfassung des Status quo	„Die Berliner Zeitung wettert gegen den ‚philosophischen Hochstapler' Sloterdijk"	Ein Auszug aus dem Bericht könnte zu Beginn der Präsentation vorgespielt werden.
Richard David Precht, „Zwei Männer und der Mond". Der Spiegel Nr. 45 (2009)	02.11.09	Precht kritisiert, dass die Philosophie im Allgemeinen zu sehr an den Universitäten bleibe, sich zu viel nur an der Forschungsliteratur orientiere, hingegen zu wenig kreativ sei, sich nur marginal oder unernst der Wirklichkeit stelle und sich zu wenig der Öffentlichkeit präsentiere.	„In solcher Lage also streiten sich zwei Philosophen öffentlich über nostalgische Probleme." „Ihre Pointe [die der Debatte] liegt nicht im Inhalt, sondern in der Form." Precht plädiert für eine „Philosophie der Gesellschaft".	Argumente für eine Philosophie, die nahe an der Wirklichkeit der Gesellschaft ist
Christian Geyer, „Wer ist er?" www.faz.net.de	02.11.2009	Geyer meint, es sollten sich hierzu lieber Steuerrechtler als Philosophen äußern.	„Da liegt tatsächlich der Pferdefuß dieser ‚nicht existenten Debatte' (Martin Seel), zu der sich künftig lieber Steuerrechtler zu Wort melden sollten, damit noch eine rechtschaffene Debatte daraus wird."	Argumente gegen Philosphen im ökonomischen Diskurs

5 Benennen Sie die unterschiedlichen Quellentypen, die Sie im Beispiel finden können, und erläutern Sie auf einem Blatt Papier, warum diese Auswahl ein differenziertes Bild der Situation verspricht.

Material ordnen

6 Ordnen Sie nun das gesamte Material in der Reihenfolge, die Ihnen für Ihre Präsentation wichtig erscheint. Orientieren Sie sich dabei genau an der Fragestellung. Dieses Sortieren sollte in engem Zusammenhang mit der Erstellung der Gliederung der Arbeit erfolgen (► Kap. 4.2).
Heften Sie die unterschiedlichen Quellen am besten in der Reihenfolge ab, in der Sie sie in der Präsentation verwenden wollen.

4 Die Präsentation inhaltlich ausarbeiten und gliedern

Nachdem Sie nun alles Material gesichtet haben, wichtige Stellen angestrichen und das Material sortiert haben, sollten Sie sich genauer mit der Frage beschäftigen, welche Position Sie vertreten wollen. Betrachten Sie dabei den Verlauf Ihrer Präsentation als eine Art Erörterung, in der Sie unter der gegebenen Fragestellung verschiedene Positionen gegeneinander abwägen. Am Ende sollte Ihre eigene Sichtweise diesen Positionen gegenüber deutlich werden.

4.1 Zentrale Thesen und Ziel der Präsentation festlegen

1 Stellen Sie sich vor, Sie erarbeiten eine Präsentation zu dem Thema:

> Diskutieren Sie, wie unsere Sprache entstanden sein kann.

Lesen Sie die folgenden Texte, um die Positionen der beiden Wissenschaftler zu erfassen.

Fritz Mauthner: **Gibt es die Ursprache?** (1912)

Das Wort Ursprache bedeutet für die Gelehrten der indoeuropäischen[1] Sprachwissenschaft ein Fabelwesen, die Sprache, welche das Urvolk der Arier, dessen Existenz nicht bewiesen ist, zu einer Zeit, die wir nicht kennen, gesprochen haben soll; jedenfalls musste die Zeit jener Ursprache vor der legendären Wanderung oder Trennung jenes legendären Urvolkes liegen. Ein schematischer Begriff ist das Urvolk, ein schematischer Begriff ist auch die Ursprache und wird es trotz aller Bemühungen der Linguisten bleiben müssen. [...]

Das Wort Ursprache bedeutet für die Sprachphilosophen, mögen sie nun ihre Studien eine Geisteswissenschaft oder eine Naturwissenschaft nennen, diejenige Sprache, welche die Menschen in einer viel weiter zurückliegenden Urzeit redeten, als sie eben durch den Gebrauch der Sprache den Tierzustand verließen und zu redenden Menschen wurden. Den vorhistorischen Tatsachen würde beides angehören, was das Wort Ursprache bedeutet; nur dass die indoeuropäische Ursprache der geschichtlichen Zeit unmittelbar vorausgehen müsste, die Ursprache der Menschheit aber irgendwo und irgendwann in unendlich weit zurückliegenden Zeiten zu suchen wäre. [...]

Ein solches Beginnen ist nicht selten in den angeblich ursprachlichen Forschungen, und es ist gar nicht verwunderlich, dass den einflussreichsten Lehren über die nähere indoeuropäische Ursprache und über die entfernten Sprachanfänge der Menschheit die gleichen Unklarheiten zu Grunde liegen. Wie die Bibel allen wissenschaftlichen Sorgen damit ein Ende macht, dass sie sagt: „Im Anfang hat Gott die Welt geschaffen", und dabei wohl selber glaubt, mit dem Worte „Im Anfang" eine Zeitbestimmung zu geben, so lieben es die Sprachforscher, irgendwo am Flusslaufe stehen zu bleiben, ihren Stock in den Boden zu stoßen und auszurufen: Hier fängt die ganze Geschichte an. Ebenso gut hätte man darauf verzichten können, nach den Quellen des Nils zu forschen; man hätte bei den unteren Katarakten stehen bleiben und rufen können: Hier kommt der Nil herunter.

Nicht anders haben die Sprachforscher gehandelt, die in gutem Bibelglauben an die Urweisheit indischer Grammatiker die angeblichen Wurzeln des Sanskrit[2] für die Ausgangspunkte der indoeuropäischen Sprache nahmen. Und doch standen die Sanskrit redenden Menschen, welche die gelehrten Sanskritgrammatiker in viel späterer Zeit sich als Erfinder oder Gebraucher jener Wurzeln dachten, ganz gewiss mitten in irgendeiner Sprachentwicklung und empfanden die Wurzelhaftigkeit ihrer Sprache nicht mehr und nicht weniger, als wir die Stammsilben unserer Muttersprache naiv als Wurzeln empfinden, als die heutigen Araber „Wurzeln" empfinden, während die Forscher sie doch, verändert durch Lautwandel und Bedeutungswandel, um einige Jahrtausende zurückverfolgen können. Die indoeuropäische Sprachwissenschaft hat an diesen angeblichen Sprachwurzeln wenigstens etwas Positives, woran sie anknüpfen kann; und so lässt sich ihr Treiben wenigstens mit einigem Erfolge kritisieren.

Wenn aber in Bezug auf die Anfänge der Menschensprache das gleiche Spiel beliebt wird, wenn dort die Spezialgelehrten ebenfalls irgendwo ihren Stock ins Ufer stoßen, um sagen zu können: „Hier ist der Anfang", wenn sie dann dieses Wort Anfang für eine Zeitbestimmung halten, so ist ihre Torheit kaum in Worte zu fassen und darum auch schwer zu widerlegen. Sie stehen der natürlichen Anschauung von einer ununterbrochenen Entwicklung der Sprache so gegenüber, wie etwa Cuvier[3] mit seiner Annahme aufeinanderfolgender Schöpfungsakte der darwinistischen Lehre gegenübersteht.

1 **indogermanisch bzw. indoeuröpäisch:** bezeichnet eine Gruppe von Sprachen von Europa und Vorderasien bis Indien, die in Laut- und Formenstruktur, in Syntax und Wortschatz so viele Übereinstimmungen zeigen, dass sie sich als genetisch verwandt und als Fortsetzer einer gemeinsamen, rekonstruierten Grundsprache erweisen

2 **Sanskrit:** altindische Sprache

3 **Cuvier:** französischer Naturforscher (1769–1832), der eine Katastrophentheorie vertrat, nach der die Lebewesen periodisch durch universale Katastrophen vernichtet und danach neu erschaffen worden sein sollen

David Crystal: **Typisierung nach Otto Jespersen** (1995)

Der dänische Linguist Otto Jespersen (1860–1943) hat die vielen Theorien über den Ursprung der Sprache(n) in vier Typen gegliedert und einen eigenen fünften Typus hinzugefügt. Inzwischen haben sie auch Spitznamen erhalten:

Die „Wau-Wau"-Theorie: Sprache ist dadurch entstanden, dass die Menschen die Laute der Tiere ihrer Umgebung imitiert haben, insbesondere Tierlaute. Als „Beweis" werden die onomatopoetischen Wörter gewertet. Da aber nur wenige solcher Wörter in den Sprachen existieren und die Sprachen sich erheblich darin unterscheiden, wie die natürlichen Laute nachgebildet werden, ist diese Theorie nicht sehr überzeugend.

Die „Pu-Pu"-(„Aua"-)Theorie: Sprache entstand dadurch, dass die Menschen instinktiv bestimmte Laute äußerten, die durch Wut oder andere Gefühle ausgelöst wurden. Als Beweis führt man die Interjektionen an. Aber keine Sprache enthält sehr viel davon, und Geräusche wie Zungenschnalzen, lautes Luftholen oder -ausstoßen haben wenig Ähnlichkeit mit den Vokalen und Konsonanten unserer gesprochenen Sprache.

Die „Ding-Dong"-Theorie: Sprache entstand dadurch, dass die Menschen auf Reize ihrer Umgebung mit eigenen Lauten reagierten (= orale Gesten). Als Beispiel wird oft das Wort „Mama" genannt, das die Bewegung der Lippen symbolisiert, die sich der Mutterbrust nähern. Genannt wurden auch Wörter wie „bye-bye" oder „ta-ta" (= englische Kindersprache) als Reaktion auf Winken beim Verabschieden. Auch für diese Theorie spricht nicht sehr viel.

Die „ye-he-ho"-Theorie: Sprache entstand, weil die Menschen zusammenarbeiten mussten und ihre gemeinsame physische Anstrengung gemeinsame rhythmische Laute auslöste. Diese entwickelten sich zu rhythmischem Singsang und dann zur Sprache. Als Beweis sieht man den Rhythmus und die Prosodie[1] der gesprochenen Sprache an. Aber zwischen den prosodischen Merkmalen und den artikulierten Lauten und Wörtern klafft noch eine große Lücke, für die es keine Erklärung gibt.

Die „La-La"-Theorie: Jespersen selbst vermutete, dass – wenn es nur einen auslösenden Faktor für die Sprachentstehung geben sollte – die romantische Seite des Lebens dafür verantwortlich sei. Er meinte, entscheidend für die Entstehung der Sprache seien Laute, die sich mit Liebe, Spiel, Poesie und Gesang verbinden. Auch in dieser Theorie klafft noch eine große Lücke im Zug der Gedanken, der plausibel die Entstehung von Sprache(n) erklären soll.

1 **Prosodie:** Tonhöhe und Quantität der gesprochenen Silben

2 Fassen Sie zunächst die Grundpositionen von Fritz Mauthner und Otto Jespersen in eigenen Worten zusammen.

Fritz Mauthner zeigt in seinem Text „Gibt es die Ursprache?", dass __________

Otto Jespersen hat __________

3 Beurteilen Sie diese Positionen aus Ihrer Sicht und kommen Sie so zu einer eigenen Grundposition gegenüber Ihrem Thema.

Wenn man Mauthners und Jespersens Überlegungen ernst nimmt, könnte man __________

4 Versuchen Sie, das Thema noch mehr zu konkretisieren: Welche Teilbereiche gibt es? Notieren Sie stichwortartig.

– *verschiedene Sprachursprungstheorien vorstellen*

–

–

5 Legen Sie grob fest, zu welchem Ergebnis Ihre Argumentation führen soll.
Tipp: Es sollte sich bestenfalls eine Art Klammer ergeben: Zu Beginn der Präsentation stellen Sie eine Frage oder werfen ein Problem auf, woraus sich dann im Verlauf der Präsentation eine Lösung ergibt, die am Ende noch einmal zusammenfassend klar herausgestellt wird.

6 Verfahren Sie nun wie beschrieben mit Ihrem eigenen Thema und legen Sie Ihre Grundposition fest.

4.2 Eine Gliederung erstellen – Orientierung an der Problemfrage

Es ist wichtig, sich vor der Ausformulierung der Präsentation die einzelnen Schritte zu überlegen, d.h. eine Gliederung zu erstellen. Hierbei sollten Sie sich an der zentralen Problemfrage orientieren (wenn keine aus der Aufgabenstellung ersichtlich ist, müssen Sie spätestens jetzt eine als Arbeitsgrundlage formulieren). Die Präsentation sollte Einleitung, Hauptteil und Schluss enthalten, wobei der Schwerpunkt auf dem Hauptteil liegt.
Erstellen Sie in diesem Zusammenhang auch einen Zeitplan für die Präsentation. In der Regel ist festgelegt, wie viel Zeit Ihnen für die Präsentation zur Verfügung steht (z.B. 15 Minuten). Diese Zeit sollte am Ende nicht überschritten werden. Planen Sie von Anfang an, wie viel Zeit Sie etwa für jeden Gliederungspunkt brauchen, sodass die Schwerpunktsetzung auch durch die Zeitaufteilung erkennbar wird.

1 Das Thema für eine Präsentation könnte z.B. lauten:

Alfred Döblins Roman *Berlin Alexanderplatz* und die Epoche Neue Sachlichkeit

Die Problemfrage wird hier noch nicht deutlich. Formulieren Sie sie, um das Thema einzugrenzen.

Ein Argumentationsablauf könnte in der Folge so gegliedert sein:
- Darstellung derjenigen Elemente aus dem Text, die dafür sprechen, dass der Roman ein typischer Vertreter seiner Epoche ist
- Unterstützung dieser These durch Sekundärliteratur, durch Vergleiche mit anderen Texten der Epoche, durch Bilder aus der Epoche
- Darstellung derjenigen Elemente aus dem Text, die typisch für eine andere Epoche, z.B. Expressionismus oder Postmoderne, sind
- Unterstützung dieser These durch Sekundärliteratur, durch Vergleiche mit anderen Texten der Epoche, durch Bilder aus der Epoche
- Resümee, in dem begründet Stellung genommen wird, welcher Epoche dieser Roman zuzuordnen ist

2 Verfassen Sie nun eine Gliederung für diese Präsentation.

3 Übertragen Sie das Verfahren auf Ihre eigene Präsentation und überprüfen Sie dabei, inwieweit Ihre Gliederung der Problemfrage Rechnung trägt. Kommt am Ende wirklich die Antwort auf die Problemfrage heraus?
Tipp: Die Grobgliederung Ihrer Präsentation sollte folgende Elemente enthalten:
Einstieg/Aufhänger **Hauptteil/Argumentation** **Schlussteil**

4 Ordnen Sie zu, wie viel Zeit Ihnen für die einzelnen Gliederungspunkte in etwa zur Verfügung stehen soll.

5 Die Präsentation adressatengerecht gestalten

Es ist sehr wichtig, die Präsentation klar zu strukturieren, damit die Zuhörerinnen und Zuhörer eine Orientierung haben, an welchem Punkt der Argumentation Sie sich gerade befinden. Im Folgenden wird gezeigt, welche Funktion den einzelnen Teilen zukommt und was es dabei zu beachten gilt.

5.1 Einen interessanten Einstieg gestalten

Für den Einstieg in eine Präsentation ist es wichtig, die Aufmerksamkeit der Zuhörer zu wecken und ihr Interesse für Ihr Thema zu gewinnen.
Es gibt verschiedene Möglichkeiten zu beginnen, und Sie sollten genau überlegen, was zu Ihrem Thema passt.

Zu Beginn etwas Lustiges

Wenn das Thema es zulässt, können Sie den Zuhörerinnen und Zuhörern z.B. eine Karikatur zeigen. Es ist auch denkbar, dass Sie eine lustige Begebenheit erzählen, die zu Ihrem Thema hinführt.

1 Formulieren Sie selbst ein Präsentationsthema, für das die gezeigte Karikatur ein gelungener lustiger Einstieg wäre.
<u>Tipp:</u> Wählen Sie nur dann einen lustigen Einstieg, wenn er zum Thema und zu Ihrem Typ passt. Sonst kann es schnell peinlich werden!

Flix, Who the Fuck is Faust?

Zu Beginn etwas Verblüffendes

2 Sie sollen eine Präsentation zum Thema „Anglizismen in der deutschen Sprache" halten. Verwenden Sie Informationen aus dem folgenden Text und gestalten Sie einen für die Zuschauer verblüffenden Einstieg.

Heinz-Günter Schmitz: **Über die Sprachloyalität der Deutschen** (2009)

60 Jahre nach Ende des Zweiten Weltkriegs wird an dessen wichtigstes weltpolitisches Ergebnis hierzulande nur selten erinnert: an die militärisch-politische Vormachtstellung und die (damit zusammenhängende) starke wirtschaftliche und kulturelle Einflussnahme der Vereinigten Staaten in Europa, zunächst in West- und nach dem Ende des Kalten Krieges auch in Osteuropa, wobei das besiegte Deutschland, d.h. zunächst die frühe und dann die um die DDR vergrößerte Bundesrepublik, dieser Einflussnahme am stärksten ausgesetzt war und ist. Deutlichster Ausdruck – und unbestechlicher Spiegel – der politisch-wirtschaftlichen und kulturell-mentalen Verhältnisse ist – wie immer – die Sprache: Die sog. Anglizismen haben, wie zahlreiche Forschungsarbeiten zeigen, in allen sozialen, geographischen, sach- und fachbezogenen und kommunikativen Teilbereichen der deutschen Gesamtsprache seit 1945 bis heute immer weiter zugenommen. Ein kürzlich erschienenes Spezialwörterbuch offenbart das inzwischen erreichte Ausmaß: Die in der deutschen Allgemeinsprache von 1990 bis 1999 festzustellenden neuen Wörter und Wendungen sind schon zu rund 60 % aus dem Angloamerikanischen entlehnt oder – als Mischbildungen oder Scheinentlehnungen – mit Hilfe angloamerikanischer Wörter oder Wortbausteine gebildet worden.[1]

1 Hinzu kommt, dass sich unter den übrigen rund 40 % auch noch zahlreiche Lehnprägungen nach amerikanischem Vorbild befinden. Vgl. D. Herberg u.a. (Hg.): Neologismen der 90er Jahre im Deutschen, Berlin, New York 2004.

5.2 Den Hauptteil ausarbeiten

Auf die Gestaltung des Hauptteils kommt es natürlich besonders an. Hier werden die Inhalte und Argumente geordnet präsentiert. Überlegen Sie sich genau, **was** Sie sagen wollen, **in welcher Reihenfolge** Sie dies präsentieren und **wie** Sie es sagen wollen.
Dabei sollte eine Art Spannungsbogen verfolgt werden. Der könnte von allgemeineren Informationen hin zu eher spezifischen verlaufen oder – je nachdem, welches Thema Sie haben – von weniger wichtigen Argumenten zu wichtigeren. Vielleicht folgt der Spannungsbogen auch einer anderen inneren Logik. Wichtig ist, dass die Inhalte zu einer Argumentationskette verbunden werden. Wenn man über eine Fülle von Einzelinformationen verfügt, besteht die Gefahr, dass man das Thema aus dem Auge verliert. Deshalb sollten Sie sich eine Leitfrage überlegen, die Sie Schritt für Schritt abarbeiten.

Sie sollen z. B. eine Präsentation zu der Frage erarbeiten, ob die Verfilmung von Theodor Fontanes Roman *Effi Briest* durch Hermine Huntgeburth (Regie) von 2009 dem Werk gerecht wird. Hierbei ist es wichtig, herauszuarbeiten, dass die problematischste Stelle im Film die Schlussszene ist, die mit der Romanvorlage bewusst bricht.
Auf der offiziellen Homepage zum Film heißt es:
„Die deutlichste Änderung ist der Schluss. Der Film treibt das Geschehen aus seiner inneren Spannung heraus weiter und führt es einer neuen Lösung zu. Während die Romanheldin dahinsiecht und stirbt – wenngleich am Ende mit ihrem Schicksal und ihrer Familie versöhnt –, lässt der Film sie leben und kittet den Bruch zwischen Eltern und Tochter nicht. Effi lehnt im Gegenteil das Angebot des Vaters ab, doch wieder ins Haus ihrer Kindheit zurückzukehren."
(http://www.effibriest.film.de [30.10.2009])

1 Überlegen Sie sich eine mögliche Struktur für den Hauptteil einer solchen Präsentation.

– *Gegenüberstellung des Handlungsverlaufs Film/Roman mit Fokussierung der Schlussszene*

– ______

– ______

– ______

– ______

______

______

2 Entwerfen Sie nun den Hauptteil Ihrer eigenen Präsentation.
Überlegen Sie dabei, wie Sie die von Ihnen recherchierten Informationen so miteinander verknüpfen, dass eine klare Argumentationslinie erkennbar wird.
Tipp: Lassen Sie Nebensächliches weg.
Zu viele kleine Nebeninformationen verdecken manchmal den Blick auf die Hauptargumente.

3 Da es bei einer komplizierten Strukturierung wichtig ist, dass der Zuhörer weiß, an welchem Gliederungspunkt Sie sich gerade befinden, sollten Sie sich überlegen, wie Sie das vermitteln können (z. B. durch Zwischenüberschriften auf Overheadfolien oder Flipcharts oder durch die verbale Ankündigung eines Themenwechsels).
Notieren Sie dazu Stichworte in Ihrem Hauptteil-Entwurf.

Methode

Wenn Sie Ihre Kenntnisse der Biografie des Autors (und kontrastiv auch die Biografie der Regisseurin) einbringen wollen, ist es sinnvoller, sie eher am Ende zu präsentieren. **Konzentrieren** Sie sich auf das **Wesentliche,** z. B. auf den Vergleich literarischer und filmischer Gestaltungsmittel.

5.3 Den Schlussteil ausarbeiten

Der Schluss Ihrer Präsentation sollte deutlich als solcher gekennzeichnet werden. Es ist wichtig, dass am Ende die anfangs aufgeworfene Problemstellung noch einmal thematisiert, bestenfalls beantwortet wird. Das Fazit sollte also eine Art Klammer bilden, die zum Beginn zurückleitet.
Im Hauptteil können durchaus sehr verschiedenartige Zugänge zum Thema aufgezeigt werden. Damit diese aber auch von den Zuhörerinnen und Zuhörern als zusammengehörig wahrgenommen werden, sollten Sie die verschiedenen Aspekte im Fazit noch einmal zusammenbringen.

Am Ende könnten stehen:
- eine knappe Zusammenfassung der wichtigsten Punkte
- bei einem Vergleich: eine gezogene Schlussfolgerung
- ein Appell an die Zuhörerinnen und Zuhörer
- ein klares, begründetes Statement der eigenen Position zum Thema (z.B. nach Abwägung unterschiedlicher Sichtweisen und deren Argumenten)
- die Antwort auf eine anfangs gestellte (Leit-)Frage
- ein Auftrag an die Forschung der Zukunft

1 Ihr Präsentationsthema lautet:

Ist Bastian Sick (Autor von *Der Dativ ist dem Genitiv sein Tod*) als Retter der deutschen Sprache geeignet?

Lesen Sie zunächst den folgenden Text.

Bastian Sick: **Weil das ist ein Nebensatz** (2005)

Sprache ist ständig neuen Moden unterworfen. Manches verschwindet nach einiger Zeit wieder, manches hält sich und wird irgendwann sogar amtlich. Einer der größten „Hits" der Umgangssprache: die Abschaffung des Nebensatzes hinter „weil". Eine grammatikalische Revolution – oder bloß grober Unfug?

Freitagabend. Ich treffe mich mit Freunden im Lokal, um das Wochenende einzuläuten. Philipp und Maren sind da, und schließlich stößt auch Henry noch dazu. „Habt ihr schon bestellt?", fragt er. „Nein, noch nicht", sagt Philipp, „weil wir haben auf dich gewartet!"

„Das ist nett", sagt Henry, „aber kein Grund, die Inversion zu vernachlässigen. Weil: Ich kann's wirklich nicht mehr hören!" Philipp zuckt die Schultern: „Ich kenne nur die Invasion in der Normandie, aber das hat hiermit vermutlich nichts zu tun – obwohl ... bei dir kann man das ja nie so genau wissen." Henry seufzt und vertieft sich in die Speisekarte. Maren ist neugierig geworden: „Was meinst du denn mit Invasion?" – „Ich meine nicht Invasion, sondern Inversion", stellt Henry richtig. „Inversion bedeutet Umkehrung oder Gegenstellung. Beim Hauptsatz steht das Prädikat normalerweise in der Mitte, also hinter dem Subjekt und vor dem Objekt. In der Frage wandert das Prädikat an den Satzanfang, beim Nebensatz wandert es nach hinten."

„Will noch jemand Wasser?", frage ich und halte die Sprudelflasche in die Luft. „Siehst du", sagt Henry zu Maren, „das war jetzt gerade eine typische Inversion von Subjekt und Prädikat im Fragesatz. Aus ‚Jemand will noch' wird ‚Will noch jemand'. Anhand dieser Umstellung kann jeder erkennen, dass es sich um eine Frage handelt. Man braucht am Ende nicht mal die Stimme zu heben." – „Schon klar", sagt Philipp, „da erzählst du mir nichts Neues ... obwohl so genau hätte ich das jetzt nicht erklären können." – „Und in Nebensätzen gibt es auch so eine ... Inversion?", fragt Maren. „Normalerweise ja", sagt Henry. „Steht in dem Hauptsatz ‚Wir sitzen im Kino' das Prädikat noch an zweiter Stelle, nimmt es im Nebensatz ‚während wir im Kino sitzen' die Schlussposition ein. So sieht es unsere Grammatik vor. In letzter Zeit wird aber immer häufiger auf die Inversion verzichtet. Statt hinter ‚weil', ‚obwohl' und ‚wobei' einen Nebensatz zu bilden, fangen viele einfach einen neuen Hauptsatz an."

„Und ist das falsch oder bloß eine neue Entwicklung?", will Maren wissen. „Sowohl als auch", antwortet Henry, „es ist eine neue Entwicklung, die mit den Regeln der Grammatik bricht. Und wenn sie sich weiter so ungehemmt ausbreitet, steht zu befürchten, dass sich die Grammatikwerke dem irgendwann anpassen und die Einleitung von Hauptsätzen mit ‚weil' und ‚obwohl' als zulässig erklären. Ich persönlich achte darauf, dass ich hinter weil einen Nebensatz bilde, also das Prädikat ans Ende setze. Und seit ich darauf achte, fällt mir ständig auf, wie viele andere es offenbar nicht tun!" – „Woher kommt das denn?", fragt Maren weiter. „Der Hauptgrund dürfte in der Bequemlichkeit liegen", meint Henry. „Es ist einfacher, einen Hauptsatz zu konstruieren als einen Nebensatz. Wie oft fängt man beim Sprechen einen Satz an, ohne genau zu wissen, wie er enden wird. Ehe man sich's versieht, hat man das Wort ‚weil' ausgesprochen und befindet sich mitten in einem abhängigen Kausalsatz. Man denkt: ‚Ups, wie komme ich da bloß wieder raus?' und rettet sich, indem man kurz Luft holt und dann mit einem neuen Hauptsatz beginnt. So als hätte man nicht ‚weil' gesagt, sondern ‚denn'. Denn die Konjunktion ‚denn' gehört zur Gruppe der so genannten ‚koordinierenden Konjunktionen', das sind Wörter, die Hauptsätze miteinander verbinden. So wie und, oder, aber und sondern. Weil hingegen gehört zur Gruppe der ‚subordinierenden Konjunktionen', die Nebensätze einleiten. Und in Nebensätzen steht das Prädikat nun mal am Ende. Das ist für manch einen offenbar zu kompliziert. Heute Morgen hörte ich im Radio den Satz: ‚Ziehen Sie sich warm an, weil heute wird es noch kälter.' Ein Nebensatz aus sechs Wörtern, das ist doch eine überschaubare Angelegenheit, und trotzdem war der Sprecher mit der korrekten Platzierung des Prädikats überfordert."

„Fest steht doch", sagt Philipp, „dass Sprache sich entwickelt und Strukturen sich verändern können. Wenn die Mehrheit findet, dass es praktisch ist, hinter weil einen neuen Hauptsatz zu beginnen, warum sollte man das dann nicht akzeptieren?" – „Ich habe ja auch nie behauptet, dass ich gegen Wandel in der Sprache sei", stellt Henry klar. „Ich trete lediglich für einen bewussten Umgang mit der Sprache ein. Und ich bin absolut dafür, die Möglichkeiten der Sprache voll auszuschöpfen – dort, wo es sinnvoll ist." Ich pflichte Henry bei: „Gerade beim Satzbau lässt übrigens die deutsche Sprache sehr viel mehr Gestaltungsmöglichkeiten zu als beispielsweise das Englische. Dort werden Sätze nach der immer gültigen Formel ‚SPO' zusammengebaut." Philipp grinst und sagt: „Die Sozialdemokraten haben wirklich überall ihre Finger im Spiel – sogar in der Grammatik!" – „SPO steht für Subjekt, Prädikat und Objekt – die drei Hauptbestandteile des Satzbaus. Auch im Deutschen werden die meisten Sätze nach dem SPO-Schema gebaut, doch das ist nicht zwingend. Es geht aber auch anders. Statt ‚Ich vertrage Paprika nicht' kann man auch sagen: ‚Paprika vertrage ich nicht'. Das Subjekt kann ohne weiteres seinen Platz mit dem Objekt tauschen. Im Englischen geht das nicht, da steht das Subjekt immer vor dem Prädikat, sowohl im Hauptsatz als auch im Nebensatz." [...]

„Sprache ist immer auch eine Frage von Melodie und Rhythmus. Es geht also nicht allein um richtig oder falsch, sondern auch um den Klang, genauer gesagt um den Wohlklang. Für meine Ohren hört es sich schöner an, wenn hinter ‚weil' ein Nebensatz folgt. Aber das muss jeder für sich selbst entscheiden." – „Ich sage nur: Rettet den Nebensatz!", sagt Henry, „weil ..." er macht eine Pause und holt tief Luft: „... es wirklich schade wäre, wenn er verloren ginge!"

„Können wir nicht mal das Thema wechseln?", fragt Philipp, „weil das Grammatikgerede macht mich langsam müde!" Henry und Maren blicken ihn gleichermaßen strafend an. Philipp knurrt: „Also schön: weil mich das Grammatikgerede langsam müde macht!"

2 Lesen Sie nun den möglichen Argumentationsverlauf der Präsentation.
- Einstieg: kurze Vorstellung und Demonstration der Arbeitsweise Bastian Sicks in seinen Kolumnen, Büchern und Shows
- Hauptteil: Problematisierung seines Ansatzes, sprachliche Zweifelsfälle aufzuzeigen und zu erklären, wie es „richtig" wäre
- Aufzeigen der Vorteile seiner unterhaltsamen Kolumnen (lustig, kurzweilig, lehrreich)
- Aufzeigen ihres Nutzens für den deutschen Sprachnutzer (Kenntnisse detaillierter Grenzfälle der deutschen Sprache)
- Darstellung der Begrenztheit seiner Positionen: nur Einzelfälle, er berücksichtigt nicht die kreative Dimension des Sprachwandels, macht sich über zahlreiche Leser/Zuschauer und deren Sprachgebrauch lustig
- Präsentation interessanter und kreativer Sprachvarianten (Jugendsprache, Dialekte, Soziolekte, literarische Sprachspiele ...), die die Sprache bereichern

3 Formulieren Sie ein Fazit für diese Präsentation. Beginnen Sie mit:
Nachdem ich nun aufgezeigt habe, dass Bastian Sicks Kolumnen ...

4 Formulieren Sie ein Fazit für Ihre eigene Präsentation. Probieren Sie verschiedene Varianten aus und entscheiden Sie sich dann für eine davon oder für eine Kombination.
Tipp: Achten Sie darauf, dass das Fazit so gestaltet ist, dass die Zuhörer sich das Wesentliche Ihrer Präsentation merken.

6 Sprache und Form der Präsentation finden

6.1 Die sprachliche Gestaltung festlegen

Nachdem Sie Ihre Präsentation inhaltlich strukturiert haben, sollten Sie sich als Nächstes um die sprachliche Gestaltung der einzelnen Teile kümmern.

Der Einstieg – sprachlich

Wie man den Einstieg formal und vor allem sprachlich gestaltet, hängt sehr von der Situation und der Vertrautheit zwischen Publikum und Vortragendem ab. Daran bemisst sich der Grad an sprachlicher Förmlichkeit, den Sie wählen sollten. In der Regel gilt, dass man eher etwas zu förmlich als zu umgangssprachlich formulieren sollte. Aber es ist wichtig, sich auf die Adressaten angemessen einzustellen. So ist es z.B. wenig sinnvoll, seine Mitschülerinnen und Mitschüler in der Anrede zu siezen etc.
Nicht alle Elemente eines Einstiegs sind in jeder Präsentation gleichermaßen sinnvoll. So brauchen Sie sich z.B. Ihren Klassenkameraden oder Ihrem Fachlehrer gegenüber gewöhnlich nicht namentlich vorzustellen.

1 Kreuzen Sie an, welche Elemente aus dem folgenden Angebot Ihnen für Ihre Präsentation sinnvoll erscheinen.

Begrüßung

- [ ] Meine Damen und Herren, ich begrüße Sie ...
- [ ] Liebe Mitschülerinnen und Mitschüler, ich möchte euch heute zeigen ...
- [ ] Guten Morgen, ich freue mich, dass ich Ihnen hier ... vorstellen darf.
- [ ] Liebe Kolleginnen und Kollegen, ich bin ausgewählt worden, um Ihnen heute zu demonstrieren, wie ...

Ihre Person vorstellen

- [ ] Mein Name ist ... Ich habe mich mit ... beschäftigt und möchte Ihnen/euch nun meine Ergebnisse vorstellen.
- [ ] Ich habe als ... gearbeitet und dabei ... Erfahrungen gesammelt, von denen ich Ihnen/euch heute berichten möchte.
- [ ] In meiner Rolle als Schülersprecher/-in möchte ich Sie/euch herzlich begrüßen und ...

Absicht

- [ ] Diese Präsentation soll Ihnen/euch zeigen ...
- [ ] Im Folgenden möchte ich Ihnen/euch demonstrieren, wie ...
- [ ] Ist Bastian Sick der Retter der deutschen Sprache? In den nächsten 15 Minuten werde ich versuchen darzulegen, welchen Einfluss Sprachpfleger wie er auf den Sprachwandel in Deutschland haben.
- [ ] Ich habe mich mit ... beschäftigt und werde Ihnen/euch nun zeigen, wie ...
- [ ] Liebe Kolleginnen und Kollegen, ich bin ausgewählt worden, um Ihnen heute zu demonstrieren, wie ...

Erkenntnisinteresse

- [ ] Die Frage, die uns alle interessiert, lautet: Welche Konsequenz für das Schreiben von Deutschaufsätzen ergibt sich aus den Erkenntnissen von Bastian Sick?
- [ ] Am Ende dieser Präsentation werden Sie sehen, dass es nicht so einfach ist, den Roman ... nur einer Epoche zuzuordnen.

Gliederungspunkte vorstellen

- [ ] Lassen Sie mich zunächst kurz den Ablauf meiner Präsentation vorstellen: ...
- [ ] Bevor ich beginne, würde ich gern kurz den Verlauf der Präsentation skizzieren: ...
- [ ] Um ... darzulegen, möchte ich zunächst ..., dann ... und zum Schluss ...

- Ich werde zunächst einen kleinen Überblick über ... geben, dann werde ich das Problem ... etwas ausführlicher darlegen, um Ihnen/euch am Ende ... zu zeigen.
- Ich habe die wesentlichen Schritte meiner Präsentation hier auf der ersten Folie/auf dem Flip-Chart/ auf dem Handout zusammengefasst.
- Ich möchte Sie/euch bitten, Fragen sofort/erst am Ende der Präsentation zu stellen.

2 Schreiben Sie den folgenden Einstieg so um, dass er sprachlich eleganter wird.

Liebe Mitschüler, lieber Lehrer, ähm, mein Name ist Peter. Äh … Ich wollte also was erzählen über die Bedeutung, die ähm, die Psycho…analyse auf das Werk von Schnitzler, ähm, also Arthur heißt der, glaub ich, ausgeübt hat. Also, wo soll ich anfangen?
Ich glaub, der Freud hat auch irgendwann um die Zeit gelebt und in der Traumnovelle ist das ja auch so mit Gefühlen und so.

Der Hauptteil – sprachlich

Wenn Sie den Hauptteil der Präsentation sprachlich vorbereiten, bedenken Sie bitte, dass es sich um einen mündlichen Vortrag handelt, der anderen Gesetzen folgt als eine schriftliche Arbeit. Es ist wichtig, dass Sie sich einfache, klar strukturierte Sätze überlegen. Ihre Zuhörerinnen und Zuhörer haben nicht die Möglichkeit, lange über die Bedeutung Ihrer Worte zu reflektieren, sie müssen sie gleich beim ersten Zuhören verstehen, sonst schalten sie über kurz oder lang ab.

Information

Die gut durchdachte **inhaltliche Struktur** Ihres Hauptteils muss Ihrem Publikum transparent werden. Deshalb ist es sinnvoll, die Struktur sprachlich immer wieder deutlich zu machen.

3 Lesen Sie die folgenden Angebote zur sprachlichen Gestaltung eines Hauptteils. Ergänzen Sie jedes Angebot um ein eigenes.

Einführung in einen neuen Unterpunkt
Zu Beginn möchte ich darlegen, dass ...
Im Folgenden werde ich zeigen, ...

Das Thema wechseln
Dies führt dazu, ...
Nachdem ich ... dargestellt habe, würde ich nun gern ...

Auf Beispiele verweisen

Schauen wir uns hierzu ein Beispiel aus dem Werk an: ...
Ich lese Ihnen nun einmal eine Stelle aus dem Werk vor: ...
Auf dem Handout finden sich zahlreiche Textstellen, die diese Behauptung jedoch widerlegen: ...
Sehen Sie sich bitte die beiden Textstellen auf der Folie an. Hier wird deutlich, dass ...

Methode

Nennen Sie möglichst viele **(Text-)Beispiele.** Das veranschaulicht und belegt Ihre Thesen und hilft den Zuhörerinnen und Zuhörern, Ihrer Argumentation zu folgen.

Der Schluss – sprachlich

Wenn Sie zum Ende der Präsentation kommen, sollten Sie dies deutlich machen, damit den Zuhörerinnen und Zuhörern klar wird, dass nun das Fazit folgt, dass es nun also besonders wichtig wird.

Bedenken Sie genau die Situation, in der Sie die Präsentation halten, und wählen Sie aus, welche der Schlussbemerkungen Ihnen für diese Situation passend erscheinen.

4 Lesen Sie die folgenden Angebote zur sprachlichen Gestaltung eines Schlusses.
Ergänzen Sie jedes Angebot um ein eigenes.

Danken

Ich bedanke mich für Ihre/eure Aufmerksamkeit.
Vielen Dank für Ihr/euer Interesse an diesen Ausführungen.

Zu Fragen ermuntern

Falls noch Fragen offen sind, bin ich gern bereit, diese zu beantworten.
Sind an dieser Stelle noch irgendwelche Fragen offen?

Zusammenfassung

Lassen Sie mich nun noch einmal zusammenfassen: ...
Wenn wir noch einmal zurückblicken, so sind es drei Hauptpunkte: ...

Schlussfolgerung

Alles in allem heißt das also: ...
Letztendlich bedeutet das: ...
Es bleibt also eine Forderung bestehen: ...
Für die Zukunft der Literaturwissenschaft/Sprachwissenschaft hieße das also: ...

Methode

Sagen Sie nicht „Zum Schluss ...“, wenn Sie danach noch lange weitersprechen möchten.
Wenn Sie den Schlussteil einleiten, sollte das Ende auch bald kommen.
Die **Schlussfolgerung** ist der wichtigste Teil Ihrer Präsentation. Überlegen Sie sich genau, wie Sie sie formulieren.

6.2 Formale Aspekte berücksichtigen

Zitate und Textverweise einarbeiten

Sie müssen alle Sätze, die Sie von anderen übernehmen, als Zitate kennzeichnen, bzw. alle Gedanken, die Sie von anderen übernehmen, mit Textverweisen belegen. Tun Sie das nicht, kann Ihnen geistiger Diebstahl (Plagiat) vorgeworfen werden. Das gilt auch für Internetseiten.
Es gibt verschiedene Möglichkeiten, in Präsentationen Zitate und Textverweise einzuarbeiten.
Wenn Sie z. B. mit einem Präsentationsprogramm arbeiten, könnten Sie pro Zitat eine Folie gestalten. Dann binden Sie das Zitat in Ihren Sprechtext ein, geben die Quelle aber nur auf der Folie an.

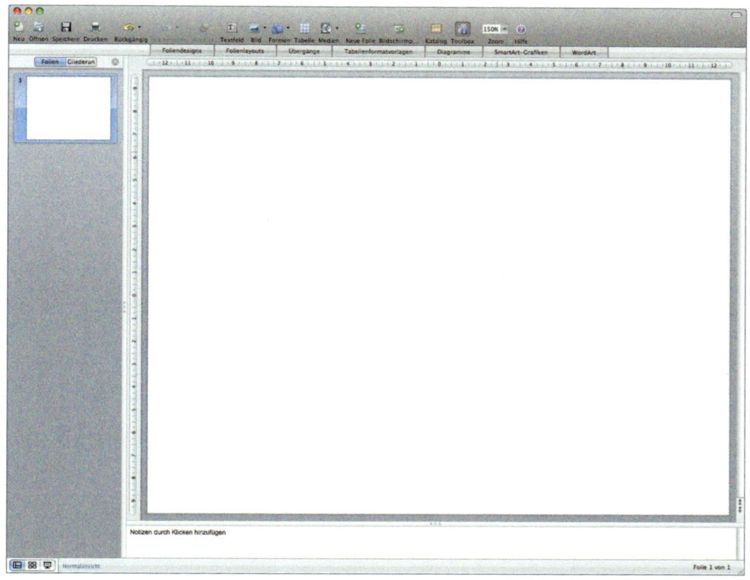

1 Skizzieren Sie eine Folie, in der Sie das folgende Zitat veranschaulichen: „Zum ersten Mal seit dem 2. Weltkrieg ist die deutsche Literatur heute besser als die deutsche Fußball-Nationalmannschaft.“ (aus: Moritz Baßler, *Der deutsche Pop-Roman. Die neuen Archivisten.* München: Beck, 2002/2005, S. 9)
Sie tragen mündlich nur das Zitat von Moritz Baßler vor, der Textverweis sollte auf dem Bild erscheinen.

Information

Insbesondere bei **längeren Zitaten** bietet es sich auch an, das Buch, aus dem die Passage stammt, mitzubringen und direkt daraus vorzulesen und ggf. das Buch als Quelle anschließend der Zuhörerschaft zur Verfügung zu stellen. Diese Methode eignet sich besonders für Präsentationen vor der Klasse.

Literaturangaben präsentieren

Literaturangaben kann man bei einer Präsentation an verschiedenen Stellen einbringen. Bei der Arbeit mit einem Präsentationsprogramm lässt sich z. B. auf der letzten Folie eine Bibliografie einfügen, d. h., alle verwendeten Quellen werden dort angegeben. Eine andere Möglichkeit ist ein Handout, auf dem die verwendeten Quellen aufgeführt sind. Auch eine letzte Flip-Chart-Seite oder eine Overheadfolie kann die Informationen enthalten.
In der Regel sortiert man die Quellen alphabetisch nach dem Nachnamen des Autors. Internetseiten werden ebenfalls alphabetisch sortiert und mit dem Datum der letzten Überprüfung versehen (▸ Kap. 3).
Bitten Sie darüber hinaus Ihren Fachlehrer, Ihnen die an Ihrer Schule/in Ihrem Bundesland/in Ihrem Fachbereich üblichen Zitierregeln zu geben.

Buchtitel

Information

Ein gängiges Format für die **Angabe einer literarischen Quelle** ist folgendes:
Name, Vorname. *Titel des Buches.* Auflage. Ort: Verlag, Erscheinungsjahr.
Beispiel:
Hahn, Ulla. *Das verborgene Wort.* Roman. 2. Auflage. München: Deutscher Taschenbuch Verlag, 2008.
Es ist wichtig, auf die einheitliche Verwendung der Satzzeichen zu achten. Bei älteren Texten in neueren Ausgaben ist es darüber hinaus üblich, auch das Ersterscheinungsjahr anzugeben.

2 Markieren Sie auf dem folgenden Titelblatt und Impressum die wesentlichen Angaben, die Sie für den Quellennachweis benötigen.

Theodor Fontane

Irrungen, Wirrungen

Roman

Anmerkungen
von Frederick Betz

Philipp Reclam jun. Stuttgart

Der Text folgt: Theodor Fontane: Gesammelte Romane und Novellen. Zehnter Band. Elfter Band. Berlin: F. Fontane, 1891. Orthographie und Interpunktion wurden behutsam dem heutigen Gebrauch angeglichen.

Erläuterungen und Dokumente zu Fontanes *Irrungen, Wirrungen* liegen unter Nr. 8146 in Reclams Universal-Bibliothek vor.

Für Schüler:
Lektüreschlüssel
zu *Irrungen, Wirrungen*
Reclams Universal-Bibliothek
Nr. 15367

RECLAMS UNIVERSAL-BIBLIOTHEK Nr. 8971
Alle Rechte vorbehalten
© 1965, 1994 Philipp Reclam jun. GmbH & Co., Stuttgart
Um Anmerkungen ergänzte Ausgabe 1994
Satz: Wenzlaff KG, Kempten, Allgäu
Druck und Bindung: Reclam, Ditzingen
Printed in Germany 2007
RECLAM, UNIVERSAL-BIBLIOTHEK und
RECLAMS UNIVERSAL-BIBLIOTHEK sind eingetragene Marken
der Philipp Reclam jun. GmbH & Co., Stuttgart
ISBN 978-3-15-008971-2

www.reclam.de

Aufsatz, Kurzgeschichte oder Gedicht in einem Sammelband

Information

Aus einem **Sammelband** wird wie folgt zitiert:
Name, Vorname. „Titel des Aufsatzes/der Kurzgeschichte". In: *Titel des Sammelbandes.* Herausgeber. Auflage. Ort: Verlag, Erscheinungsjahr, Seitenzahlen.
Beispiel:
Brecht, Bertolt. „Dialog über die Schauspielkunst". In: *Texte zur Theorie des Theaters.* Hg. und kommentiert von Klaus Lazarowicz und Christopher Balme. Stuttgart: Reclam, 1991, S. 278–79.

3 Zitieren Sie die „Spiegelgeschichte" von Ilse Aichinger korrekt aus dem folgenden Sammelband.
Tipp: In der Bibliografie am Ende einer Präsentation muss der gesamte Umfang der Seiten, die ein Text in einem Sammelband/einer Zeitschrift einnimmt, angegeben werden, nicht nur die von Ihnen zitierten Seiten.

Klassische deutsche Kurzgeschichten

Herausgegeben von
Werner Bellmann

Philipp Reclam jun. Stuttgart

RECLAMS UNIVERSAL-BIBLIOTHEK Nr. 18251
Alle Rechte vorbehalten
© 2003 Philipp Reclam jun. GmbH & Co., Stuttgart
Copyrightvermerke für die einzelnen Texte siehe Seite 337 ff.
Gesamtherstellung: Reclam, Ditzingen. Printed in Germany 2005
RECLAM, UNIVERSAL-BIBLIOTHEK und
RECLAMS UNIVERSAL-BIBLIOTHEK sind eingetragene Marken
der Philipp Reclam jun. GmbH & Co., Stuttgart
ISBN 3-15-018251-4

www.reclam.de

Inhalt

Zeitschriftenaufsatz (bei gebundenen Zeitschriften)

Information

Aus einer **Zeitschrift** wird wie folgt zitiert:
Name, Vorname. „Titel des Aufsatzes". *Titel der Zeitschrift.* Nummer des Bandes/Nummer des Quartals (Erscheinungsjahr), Seitenzahlen.
Beispiel:
Mahal, Günther. „Mephisto Splitter". *Faust-Blätter.* Heft 6 (1969), S. 237–246.

Internetseiten

Information

Wenn Sie sich auf **Internetseiten** berufen, sollten Sie die vollständige Internetadresse angeben und zusätzlich das Datum, an dem Sie die Seite zuletzt überprüft haben.
Beispiel (Homepage des Goethehauses in Weimar):
http://www.weimar.city-map.de/02010200/weimar-goethehaus, [26.08.2009].

6.3 Darstellende Präsentationsformen auswählen

Szenisches Spiel

Wenn Sie die Kunst des darstellenden Spiels beherrschen, können Sie ein Textbeispiel als szenisches Spiel vorführen. So lässt sich z. B. bei einem Präsentationsthema zur Epoche des Sturm und Drang eine Szene aus Friedrich Schillers *Kabale und Liebe* aufführen.
Eine Szene zu spielen ist bei einer Gruppenpräsentation natürlich viel einfacher, da man dabei verschiedene Rollen vergeben kann. Mit etwas Fantasie lassen sich die meisten Fälle aber auch als eine Ein-Mann- oder Eine-Frau-Darbietung realisieren.

1 Für eine Präsentation über Marlen Haushofers Roman *Die Wand* (Ersterscheinung 1968) wollen Sie eine zentrale Szene darstellen, um die Grundsituation der Ich-Erzählerin zu veranschaulichen. Lesen Sie dazu zunächst folgenden Auszug aus dem Roman. Markieren Sie dabei all das, was Ihnen später hilft, die Szene darstellerisch umzusetzen: Bewegungen, Gefühle, Dialoge oder Gesten, Kommunikation zwischen Frau und Hund.

Marlen Haushofer: **Die Wand** (1968)

(Was bisher geschah: Eine Frau besucht ihre Freunde Hugo und Luise in einer abgeschiedenen Jagdhütte in den Bergen. Die beiden gehen abends ohne sie ins Dorf. Als sie am nächsten Morgen aufwacht, ist niemand im Haus. Mit dem Hund Luchs macht sie sich auf die Suche nach dem Paar.)

[...] Ich beschleunigte meine Schritte und schickte Luchs voraus. Freudig bellend, zog er ab.
Ich hatte nicht daran gedacht, meine Bergschuhe anzuziehen, und stolperte ungeschickt über die scharfen Steine hinter ihm her.
Als ich endlich den Ausgang der Schlucht erreichte, hörte ich Luchs schmerzlich und erschrocken jaulen. Ich bog um einen Scheiterstoß, der mir die Aussicht verstellt hatte, und da saß Luchs und heulte. Aus seinem Maul tropfte roter Speichel. Ich beugte mich über ihn und streichelte ihn. Zitternd und winselnd drängte er sich an mich. Er mußte sich in die Zunge gebissen oder einen Zahn angeschlagen haben. Als ich ihn ermunterte, mit mir weiterzugehen, klemmte er den Schwanz ein, stellte sich vor mich und drängte mich mit seinem Körper zurück.
Ich konnte nicht sehen, was ihn so ängstigte. Die Straße trat an dieser Stelle aus der Schlucht heraus, und so weit ich sie überblicken konnte, lag sie menschenleer und friedlich in der Morgensonne. Unwillig schob ich den Hund zur Seite und ging allein weiter. Zum Glück war ich, durch ihn behindert, langsamer geworden, denn nach wenigen Schritten stieß ich mit der Stirn heftig an und taumelte zurück.

Luchs fing sofort wieder zu winseln an und drängte sich an meine Beine. Verdutzt streckte ich die Hand aus und berührte etwas Glattes und Kühles: einen glatten, kühlen Widerstand an einer Stelle, an der doch gar nichts sein konnte als Luft. Zögernd versuchte ich es noch einmal, und wieder ruhte meine Hand wie auf der Scheibe eines Fensters. Dann hörte ich lautes Pochen und sah um mich, ehe ich begriff, daß es mein eigener Herzschlag war, der mir in den Ohren dröhnte. Mein Herz hatte sich schon gefürchtet, ehe ich es wußte.

Ich setzte mich auf einen Baumstamm am Straßenrand und versuchte zu überlegen. Es gelang mir nicht.

Es war, als hätten mich alle Gedanken mit einem Schlag verlassen. Luchs kroch näher, und sein blutiger Speichel tropfte auf meinen Mantel. Ich streichelte ihn, bis er sich beruhigte. Und dann sahen wir beide hinüber zur Straße, die so still und glänzend im Morgenlicht lag.

Ich stand noch dreimal auf und überzeugte mich davon, daß hier, drei Meter vor mir, wirklich etwas Unsichtbares, Glattes, Kühles war, das mich am Weitergehen hinderte. Ich dachte an eine Sinnestäuschung, aber ich wußte natürlich, daß es nichts Derartiges war. Ich hätte mich leichter mit einer kleinen Verrücktheit abgefunden als mit dem schrecklichen unsichtbaren Ding.

Aber da war Luchs mit seinem blutenden Maul, und da war die Beule auf meiner Stirn, die anfing zu schmerzen.

Ich weiß nicht, wie lange ich auf dem Baumstamm sitzen blieb, aber ich erinnere mich, daß meine Gedanken immerfort um ganz nebensächliche Dinge kreisten, als wollten sie sich um keinen Preis mit der unfaßbaren Erfahrung abgeben. [...] R

2 Gestalten Sie aus diesem Textauszug nun eine Bühnenszene.

Einsatz von Bild und Ton

Es gibt weitere Möglichkeiten, in einer Präsentation aus einem Primärwerk zu zitieren: Sie können einen Auszug aus einer Hörbuchfassung vorspielen oder aus einer Verfilmung zeigen. Manchmal findet man Hörbuch- und Filmfassungen in der Schulbibliothek oder der Stadtbücherei. Fragen Sie ansonsten Ihren Fachlehrer.
Sollten Sie sich für eine solche Form der darstellenden Präsentation entscheiden, bedenken Sie bitte Folgendes:

- Es ist wichtig, dass das Zitat weder zu kurz noch zu lang ist. Das Wesentliche sollte darin erkennbar sein.
- Das Zitat darf aber nicht so lang sein, dass der Hauptteil Ihrer Präsentation aus Film-Zeigen oder Hörspiel-Vorspielen besteht.
- Fassen Sie den Kontext ggf. knapp zusammen. So haben es Ihre Zuhörerinnen und Zuhörer leichter, die zu hörende oder zu sehende Szene zu verstehen.
- Üben Sie den Einsatz der benötigten Medien unbedingt im Vorfeld. Sonst kann es leicht passieren, dass die Technik Ihnen wertvolle Präsentationszeit raubt.

6.4 Mediale Präsentationsformen nutzen

Wenn man über den Medieneinsatz bei Präsentationen nachdenkt, sollte man sich bewusst machen, dass ein „Medium" zunächst nur ein Mittel zur Kommunikation ist.
Andere Medien sollten ebenso gezielt und inhaltsbezogen eingesetzt werden. Es geht nicht darum, dass Sie Ihren Zuhörern demonstrieren, welche technischen Kniffs und Tricks Sie kennen, sondern darum, das Thema, das Sie präsentieren, möglichst anschaulich darzustellen.

Setzen Sie Medien nicht willkürlich ein. Recherchieren Sie zunächst gründlich und überlegen Sie dann, was Sie wie verwenden möchten. Wenn Sie Ihr Publikum z. B. mit einer Bilderflut überschwemmen, kann es sein, dass die einzelnen Bilder gar nicht richtig wirken.

1 Kreuzen Sie an, welche Elemente in einer Präsentation besonders dringend visuell unterstützt werden sollten.

- ☐ Statistiken
- ☐ Jahreszahlen
- ☐ Gesichter von wichtigen Personen
- ☐ Namen
- ☐ längere Texte
- ☐ komplizierte Abläufe
- ☐ größere Zahlen
- ☐ Schlüsselbegriffe
- ☐ alle Zitate vollständig
- ☐ gesamter Text, der vorgetragen werden soll

Körpersprache

Die richtige Körpersprache ist bei einer Präsentation von zentraler Bedeutung. Schauen Sie Ihrem Publikum ins Gesicht. Wenn Sie vor einer großen Gruppe sprechen, suchen Sie sich eine Zuhörerin oder einen Zuhörer in der letzten Reihe, an den Sie sich wenden. Das vermittelt der gesamten Gruppe das Gefühl, angeschaut zu werden. Blicken Sie keinesfalls die ganze Zeit über nur zu Ihrem Fachlehrer.
Auch die Wahl der Kleidung gehört zur Körpersprache. Überlegen Sie also gut, was Sie zu Ihrer Präsentation tragen wollen. Am besten eignet sich gepflegte Kleidung, in der Sie sich wohl und gut angezogen fühlen. Bedenken Sie, dass Ihr Publikum Sie die ganze Zeit über anschaut.
Suchen Sie sich die Position im Raum, von der aus Sie vortragen, mit Bedacht aus. Achten Sie darauf, dass Sie Ihr Publikum gut sehen und dass Sie gesehen werden. Wenn Sie technische Medien verwenden, achten Sie darauf, dass Sie die Medien gut erreichen, dass sie Ihnen aber nicht im Weg stehen oder den Blick zum Publikum versperren. Drehen Sie dem Publikum nie den Rücken zu.
Unterstreichen Sie Ihre Worte mit gezielten Gesten und/oder einer passenden Mimik.

2 Kreuzen Sie an: Welche Fotos stellen die Situation richtig dar?

☐ 

☐ 

☐ 

☐ 

☐ 

☐ 

3 Notieren Sie, an welcher Stelle in Ihrer Präsentation Sie gezielte Gestik und/oder Mimik einsetzen, welche Sie also besonders hervorheben wollen. Markieren Sie diese Stelle in Ihrem Skript, damit Sie während des Vortrags an Ihre Körpersprache erinnert werden.
<u>Tipp:</u> Üben Sie Ihren Einsatz der Körpersprache, bevor Sie damit vor das Publikum treten, selbstkritisch vor dem Spiegel, vor einer Videokamera oder vor Freunden (▸ Kap. 7.1).

Präsentation mit Computerprogrammen

Präsentationsprogramme bieten viele verschiedene Wege, einen Vortrag visuell, auditiv oder audio-visuell zu unterstützen. Da Sie in eine derartige Präsentation auch andere elektronische Medien einbeziehen können, sind die Variationsmöglichkeiten sehr breit gestreut. Deshalb hat sich diese Präsentationsform in vielen gesellschaftlichen Bereichen schon durchgesetzt: Nicht nur in Schulen, sondern auch bei Geschäftstreffen, in der Universität und bei Informationsveranstaltungen wird häufig mit Präsentationsprogrammen gearbeitet.
Dennoch sind diese Programme kein Allheilmittel. Jeder kennt auch langweilige Präsentationen – trotz oder gerade wegen des Computereinsatzes. Es gibt einige wichtige Regeln zu beachten, damit dieses Medium sinnvoll genutzt werden kann. Es verführt z. B. dazu, die vielen grafischen Spielereien (einfliegende Schrift, blinkende Buchstaben etc.), die man ohne großen technischen Aufwand selbst erzeugen kann, übertrieben häufig einzusetzen. Das führt dazu, dass das Medium in der Präsentation lediglich zum Selbstzweck wird und vom eigentlichen Inhalt ablenkt.
In Ihrer Abiturpräsentation ist es wichtig, dass die Medien dazu genutzt werden, die Inhalte des Vortrags zu unterstützen – nicht umgekehrt. Das Hauptgewicht sollte deshalb nicht auf der Technik selbst liegen, sondern darauf, was sie darstellt.

Information **Goldende Regeln für die Nutzung von Präsentationsprogrammen**

- Layout: Bleiben Sie möglichst bei derselben Grundaufteilung der Seite.
- Übersichtlichkeit: Gestalten Sie die Folien übersichtlich, d. h., geben Sie auf jeder Folie nur wenig Informationen.
- Text: Verwenden Sie pro Folie nur wenige Wörter, formulieren Sie keine ganzen Sätze, sondern Stichworte.
- Design: Bleiben Sie in Bezug auf Ihre Präsentation bei einem Grunddesign, das sich auf jeder Folie wiederholt.
- Special Effects: Setzen Sie die Animationseffekte (einfliegende Schrift, blinkende Buchstaben etc.) gar nicht bzw. so sparsam wie möglich ein. Es wirkt sonst schnell albern und überladen.
  Verwenden Sie auf jeder Folie dieselben Effekte.
- Farben: Setzen Sie Farben gezielt ein (z. B. Symbolfarben, die zum Thema passen, etc.).
  Aber folgen Sie dem Grundsatz: Weniger ist mehr.

4 Notieren Sie weitere „Goldene Regeln für die Nutzung von Präsentationsprogrammen", die Sie aus Ihrer eigenen Beobachtung entwickelt haben oder die Ihr Fachlehrer oder Ihre Fachlehrerin Ihnen vermittelt hat.

Tipps zur Erstellung der Präsentation mit einem Präsentationsprogramm

Prüfen Sie vor der Erstellung Ihrer Abitur-Präsentation, ob die Versionen des Präsentationsprogramms auf Ihrem Privatcomputer und dem in Ihrer Schule identisch bzw. kompatibel sind. Sie dürfen aus rechtlichen Gründen beim Abitur nur die technischen Geräte der Schule benutzen. Manchmal verschiebt sich einiges beim Transfer von einer Version auf eine andere (z. B. Schrifttypen, Farben, Seiteneinteilung etc.). Manchmal verändert auch die Beamerprojektion die Farben etwas. Wenn Sie dies im Vorfeld ausprobieren, können Sie Ihre Präsentation ggf. anpassen.

Der Titel

Wählen Sie ein Titelbild aus, das zu Ihrem Thema hinführt und das die Aufmerksamkeit und das Interesse Ihrer Zuschauer weckt.

5 Das unten dargestellte Bild ist die erste Folie einer Präsentation zum Thema „Popliteratur und Minnesang". Beschreiben Sie die Erwartungen, die diese Titelseite bei Ihnen weckt. Welche ersten Erkenntnisse zum Thema vermittelt sie Ihnen?

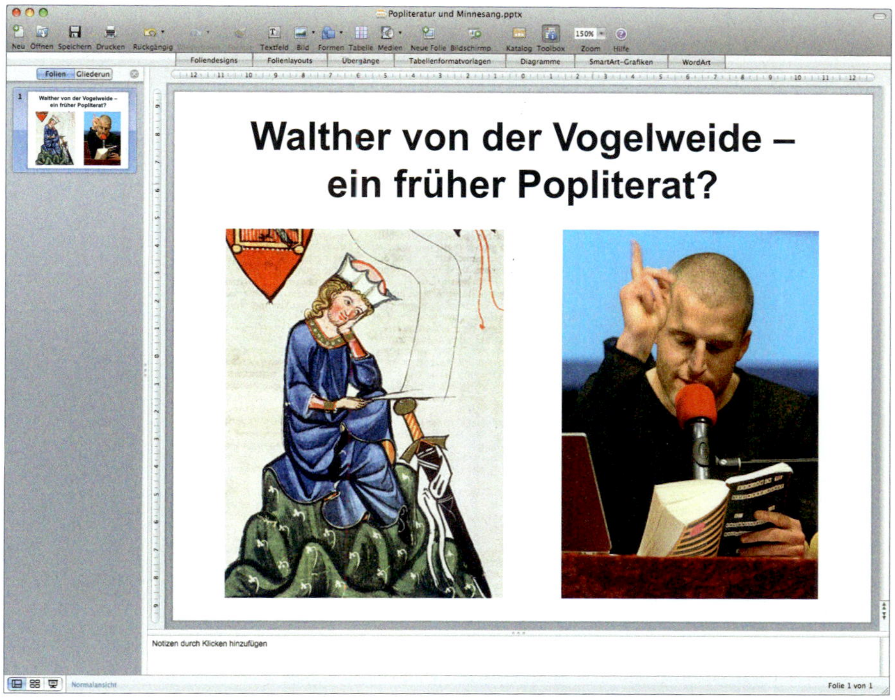

Das Layout

Ein einheitliches Grundlayout für alle Folien erreichen Sie am einfachsten, wenn Sie an Ihrem Computer mit dem Folienmaster arbeiten.
Sie können aber auch ein Folienlayout selbst gestalten und dann bei jedem Schritt (Hintergrundgestaltung etc.) „für alle übernehmen" anklicken.
Wenn Sie ein Bild in den Hintergrund stellen wollen, können Sie es als „Grafik einfügen" und dann die nächsten vom jeweiligen Programm vorgegebenen Schritte durchführen. Dazu wäre es sinnvoll, das Bild etwas transparenter zu gestalten, da sonst später hinzugefügte Schrift darauf nicht mehr lesbar ist. Das erreichen Sie über „Grafik formatieren". Passen Sie das Bild über „mehr Helligkeit" und „weniger Kontrast" an.

Vorsicht bei der Verwendung von Hintergrundbildern – Schrift ist dann oft schlecht lesbar.
Achten Sie darauf, dass genügend Kontraste entstehen.

6 Welche der beiden Folien ist gelungen? Begründen Sie Ihre Entscheidung auf einem Blatt Papier.

1

2

7 Erstellen Sie ein Grundlayout für Ihre computergestützte Präsentation. Achten Sie dabei darauf, dass die formale Gestaltung, die Sie wählen, zu Ihrem Thema passt.

Schrift

Die richtige Auswahl der Schrift ist für eine positive Wirkung der Präsentation von großer Bedeutung. Deshalb sollten Sie folgende Punkte bedenken:

- Achten Sie darauf, dass man die Schrift gut lesen kann.
- Am besten eignen sich Schriften wie Arial oder Verdana, die nur wenige Schnörkel haben.
- Die Schriftgröße sollte großzügig gewählt werden.
  Buchstaben, die kleiner als 20 p sind, kann man von weitem schlecht lesen.
- Hauptüberschriften sollten größer sein als Untertitel oder Stichpunkte.

Denken Sie daran, eine Standardschriftart zu wählen, sonst kann es Ihnen passieren, dass auf einem anderen Rechner, auf dem Ihre Schriftart nicht installiert ist, plötzlich alles ganz anders aussieht und sich verschiebt.

8 Bewerten Sie die folgende Folie.
Was gefällt Ihnen? Was würden Sie anders gestalten?

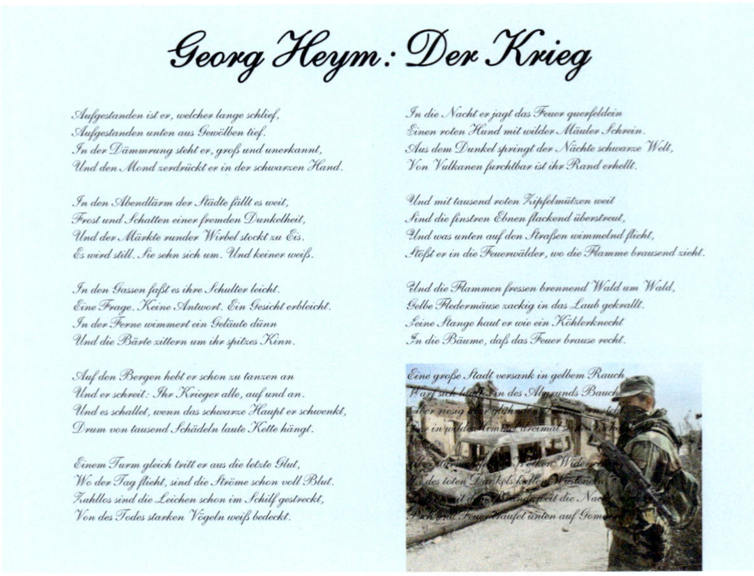

9 Wählen Sie eine Schriftart für Ihre Präsentation.

10 Gestalten Sie nun die anderen Folien Ihrer Präsentation.

Handout

Ein Handout (von engl. *to hand out* – austeilen) ist eine Handreichung, die der Präsentierende den Zuhörerinnen und Zuhörern verteilt. Es ist eine weitere Form, Inhalte zu visualisieren. In einem Handout werden wichtige Informationen oder Grafiken in schriftlicher Form vorgelegt. Beachten Sie dabei folgende Regeln:

- Ihr Handout sollte nicht zu lang sein (1 bis 3 Seiten) und keine ganzen Sätze oder gar längere Texte enthalten, höchstens knapp formulierte Thesen.
- Überlegen Sie, welche Inhalte sinnvollerweise im Handout veranschaulicht werden sollten.
- Verwenden Sie eine „normale" Schriftgröße (11 bis 12 p) und eine gut lesbare Schrift (Arial, Tahoma, Verdana, Times New Roman o.Ä.).
  Überschriften sollten durch die Schriftgröße und/oder Fett- bzw. Kursivdruck hervorgehoben werden.
- Gestalten Sie Ihr Handout übersichtlich und der Struktur des Vortrags entsprechend.
  Es sollte keine Thesen enthalten, die nicht im Vortrag vorkommen oder ausgeführt werden.
- Führen Sie am Ende kurz die Quellen auf, mit denen gearbeitet wurde.
- Kennzeichnen Sie in der Kopfzeile, wer die Präsentation wann und in welchem Kontext hält und wie das genaue Thema lautet.
- Achten Sie darauf, dass das Handout orthografisch und grammatikalisch korrekt ist.
  Prüfen Sie es deshalb noch einmal kritisch, bevor Sie es vervielfältigen.

Methode

Es gibt zwei zentrale **Funktionen von Handouts.** Zum einen dienen sie als visuelle Stütze während des Vortrags, zum anderen können sie auch eine Zusammenfassung der wesentlichen Inhalte sein, z.B. als Grundlage für eine anschließende Diskussion oder für die Wiederholung des Stoffs vor der Klausur.

Überlegen Sie entsprechend, ob es Ihnen in Ihrem Fall sinnvoller erscheint, das Handout **vor oder nach** der Präsentation auszuteilen. Das ist auch für die Überlegungen zur Gestaltung nicht unerheblich. Wenn Sie beabsichtigen, es als visuelle Stütze für die Zuhörer während des Vortrags einzusetzen – und das Handout entsprechend **vor** der Präsentation verteilen, ist es besonders wichtig, dass die Textteile nicht zu lang werden, da sonst das Publikum durch das konzentrierte Lesen der Texte vom Zuhören abgelenkt wird. Wenn Sie vorhaben, das Handout erst **nach** dem Vortrag zu verteilen, und es eher als Zusammenfassung Ihres Vortrags für die Akten der Zuhörer verstehen, dann wäre es besonders wichtig, dass die wesentlichen Ergebnisse Ihrer Präsentation vollständig und verlässlich vorkommen. Diese Form des Handouts wäre allerdings in der Abiturpräsentation nicht sinnvoll.

11 Lesen Sie das folgende Muster-Handout genau.

Max Mustermann
Leistungskurs Deutsch
Gymnasium Musterstadt

Handout zur Präsentation am 31.8.2010

„Theodor Fontanes Effi Briest als Film: Die Literaturverfilmungen von Rainer Werner Fassbinder (1972–74) und Hermine Huntgeburth (2009) im Vergleich."

Zentrale Thesen:

- Huntgeburth verändert in ihrer Verfilmung vor allem den Schluss der Romanvorlage.
- Fassbinder hält sich an den Handlungsablauf der Romanvorlage, schafft aber durch das Einblenden von Schrift und einen Erzähler aus dem Off Verfremdungseffekte, die nur im Film möglich sind.
- Hermine Hunthgeburt stellt Effis Mann, Baron von Innstetten, sympathischer dar als Fontane, denn sie wählt den Sympathieträger Sebastian Koch als Schauspieler und zeigt ihn, wie er Briefe an Effis Mutter schreibt, als trauernden, verlassenen Liebhaber der Mutter aus früheren Jahren. Dieser Handlungsstrang ist in Fontanes Romanvorlage durchaus auch zu erkennen, allerdings weniger stark akzentuiert.

Erläuterungen/Erklärungen:

- Adaption als Transformation (nach Helmut Kreuzer) = Umsetzung ohne Kopierabsicht; Verfilmung als „analoges Werk"
- „Julia Jentsch wuchs in Westberlin auf und besuchte die Wald-Oberschule in Berlin-Westend, wo sie 1997 ihr Abitur machte. Am sportorientierten Gymnasium hat sie Rudern, Handball und Judo trainiert. Danach erhielt sie ihre Schauspielausbildung an der Hochschule für Schauspielkunst „Ernst Busch" Berlin. Schon 1995 stand sie auf der Bühne und spielte die Orphise in „Die Lästigen" von Hugo von Hofmannsthal. Ihr erstes Theaterengagement führte sie an die Münchner Kammerspiele, wo sie von 2001 bis 2006 Ensemblemitglied war. Sie spielte dort Hauptrollen in den Theaterstücken „Antigone", „Die Nibelungen", „Die Zehn Gebote" und „Othello".
  Einem größeren Publikum wurde die 1,65 m große Schauspielerin durch die weibliche Hauptrolle in dem Film „Die fetten Jahre sind vorbei" bekannt, der als deutscher Beitrag beim Internationalen Filmfestival in Cannes 2004 mit dem Preis der Jury ausgezeichnet wurde. 2005 erhielt Julia Jentsch für ihre Darstellung der stillen, ernsthaften, aber willensstarken Widerstandskämpferin Sophie Scholl in Marc Rothemunds kammerspielartigem Drama „Sophie Scholl – Die letzten Tage" auf der Berlinale den Silbernen Bären als beste Schauspielerin, den Deutschen Filmpreis als beste Hauptdarstellerin und den Europäischen Filmpreis als beste Darstellerin. Der Film wurde zudem für den Oscar als bester ausländischer Film nominiert." http://de.wikipedia.org/wiki/Julia_Jentsch, [10.11.2009]

Bilder oder Grafiken, Tabellen zur Veranschaulichung der Thesen:

*"Effi Briest – oder:
Viele, die eine Ahnung haben von ihren Möglichkeiten und Bedürfnissen und dennoch das herrschende System in ihrem Kopf akzeptieren durch ihre Taten und es somit festigen und durchaus bestätigen."*
(Fassbinders Untertitel zum Film)

Regie	Hermine Huntgeburth (2009)	Rainer Werner Fassbinder (1974)
	Farbfilm	Schwarz-Weiß-Film
Effi	Julia Jentsch	Hanna Schygulla
Effis Eltern	Juliane Köhler, Thomas Thieme	Lilo Pempeit, Herbert Steinmetz
Major Crampas	Misel Maticevic	Ulli Lommel
Anspruch	Modernisierung, in der die Geschichte mit gegenwärtigen Augen gesehen wird – trotz historischer Kostüme und Kulisse	Adaption, in der Fontanes Sicht der damaligen Zeit in besonderer Weise zum Ausdruck kommt
Ablauf der Geschichte	veränderter Schluss	werkgetreu
Baron von Innstetten	Sebastian Koch	Wolfgang Schenck
Aussageabsicht	unterschwellige Emotionen stehen im Vordergrund, sexuelle Obsessionen	Gesellschaftskritik im Vordergrund, nicht nur zeitgeschichtlich, auch Elemente der bürgerlichen Gesellschaft in der Gegenwart des Films
Kameraperspektive	Kamera zeigt viele Außenaufnahmen, als Ausdruck dafür, dass die Freiheit Effis im Ausbruch liegt (vgl. Kritik von frida)	statische Kameraperspektive
filmische Besonderheiten	insgesamt konventioneller erzählt als Fassbinders Film	Erzähler im Film (Fassbinder selbst)
	das Ende wird neu gestaltet: Effi ist eine moderne Powerfrau, die sich gegen die Konventionen wehrt	Zwischentexte werden eingeblendet

Fazit: Fassbinder ist werkgetreuer, konzentriert sich mehr auf die Aussageabsicht Fontanes, Huntgeburth versucht trotz historischen Settings eine inhaltliche Modernisierung. Letztere ist in der Filmkritik sehr umstritten. Einige feiern sie als Gewinn, andere kritisieren sie als abgeschmackt.

Quellen:

Beicken, Peter. *Wie interpretiert man einen Film?* Literaturwissen für Schüler. Stuttgart: Reclam, 2004.

Kritiken zu der Huntgeburth-Verfilmung im Internet:

frida (Düsseldorf) „‚Effi Briest' – Die Neuverfilmung von Hermine Huntgeburth …"
http://www.rp-online.de/hps/client/opinio/public/pjsub/production_long.hbs?hxmain_object_id=PJSUB::ARTICLE::448191&hxmain_category=::pjsub::opinio::/buch_film/kino/drama [10.11.2009]

Barbara Schweizerhof, „Eine Bardot der Bismarckzeit" (taz) http://www.taz.de/1/archiv/dossiers/dossier-berlinale-2009/artikel/1/eine-bardot-der-bismarckzeit/ [10.11.2009]

Daniel Sander, „Ey Alter, ich bin kein Opfer" (Kulturspiegel) http://www.spiegel.de/kultur/kino/0,1518,606971,00.html [10.11.2009]

Kritiken zu der Fassbinder-Verfilmung im Internet:

Ulrich Behrens, „Fontane Effi Briest"
http://www.filmzentrale.com/rezis/fontaneeffibriestub.htm [10.11.2009]

12 Bewerten Sie das Muster-Handout, insbesondere anhand der oben genannten Regeln (S. 34).

13 Erstellen Sie ein Handout zu Ihrer Präsentation.

Methode

Wenn Sie mit einem Präsentationsprogramm arbeiten, können Sie **aus Ihren Folien ein Handout** herstellen, indem Sie in der Menüleiste „Datei" → „Drucken" auswählen und in dem sich öffnenden Fenster im Reiter unter „Drucken" „Handzettel" auswählen. Sie müssen dann entscheiden, wie viele Folien Sie auf einer Seite ausdrucken möchten und ob diese horizontal oder vertikal auf dem Blatt angeordnet werden sollen. In der Regel wählt man sechs Folien pro Seite aus, mehr sind schlecht zu lesen. Sie sollten darauf achten, dass es nicht mehr als drei Blätter insgesamt werden.

Dokumentation

In einigen Bundesländern müssen Sie vor der Präsentationsprüfung im Abitur eine Dokumentation abgeben. Dafür sollten Sie folgende Hinweise beherzigen:

- Erkundigen Sie sich genau nach den formalen Vorgaben für diese Dokumentation (maximale Seitenzahl, Informationen, die unbedingt enthalten sein müssen). Gewöhnlich können aber die Regeln, die für die Gestaltung eines Handouts gelten, auch auf die einer Dokumentation übertragen werden.
- Anders als beim Handout ist es in der Dokumentation wichtiger, die wesentlichen Thesen Ihrer Präsentation und die Quellen, mit denen Sie gearbeitet haben, ausführlich zu benennen.
- Bilder und Grafiken brauchen Sie in eine Dokumentation nicht einzufügen.

Es ist sehr wichtig, dass Sie die Dokumentation rechtzeitig abgeben und die individuellen Vorgaben Ihrer Schule/ Ihres Bundeslandes für deren Gestaltung umsetzen. Sie gilt vielerorts als Meldung zur Prüfung. Wenn Sie die Dokumentation nicht rechtzeitig abgegeben haben, werden Sie u. U. nicht zur Prüfung und damit auch nicht zum Abitur zugelassen.

14 Erstellen Sie nach den vorgegebenen Richtlinien eine Dokumentation zu Ihrer Präsentation.
Tipp: Überprüfen Sie die Orthografie und die Grammatik Ihrer Dokumentation genau.
Es macht keinen guten Eindruck, wenn sich schon in der Dokumentation – dem ersten Teil Ihrer Prüfung, den der Prüfer zu Gesicht bekommt – Fehler finden.

Verwendung anderer Medien

Folien für den Overheadprojektor

Sie können statt der Arbeit mit einem Präsentationsprogramm auch die klassische Variante der Folien für den Overheadprojektor wählen. Es gibt im Fachhandel unterschiedliche Folien für die Beschriftung mit Folienstiften, für verschiedene Drucker und für Fotokopierer. Achten Sie darauf, dass Sie immer die richtige Folie benutzen, manche schmelzen im Fotokopierer und zerstören das Gerät.

15 Überlegen Sie, welche Vor- und Nachteile Transparentfolien haben (z. B. gegenüber Computerfolien).
Ergänzen Sie die Tabelle.

Vorteile der Transparentfolien	Nachteile der Transparentfolien
Man kann während der Präsentation spontan etwas mit farbigen Folienstiften ergänzen.	*Insbesondere bei farbigen Bildern: teuer im Ausdruck*

Verwenden Sie Overheadfolien nur, wenn es klare Vorteile gegenüber der Verwendung von Präsentationsprogrammen gibt, z. B. wenn Sie nur 1 bis 3 Folien benutzen wollen und ansonsten mit anderen Medien arbeiten.

Poster und Plakate

Als eine weitere Form der Visualisierung von Inhalten können Sie auch ein Plakat oder Poster gestalten. Es besteht dabei entweder die Möglichkeit, mit dem Computer ein Poster zu erstellen und es drucken zu lassen. Das ist aber relativ teuer. Eine weniger aufwändige Methode ist die Gestaltung eines (farbigen) Fotokartons. Bedenken Sie bei der Gestaltung eines Posters oder eines Plakates Folgendes:

- Bei der Farbwahl sollten Sie überlegen, ob es inhaltliche Gründe für eine bestimmte Hintergrundfarbe gibt, und darauf achten, dass zwischen Hintergrundfarbe und Schriftfarbe ein starker Kontrast besteht, damit man die Schrift gut lesen kann.
- Schreiben Sie in großen Buchstaben (5 bis 10 cm groß), damit man sie auch aus einiger Entfernung noch lesen kann.
- Bilder sollten ebenfalls aus der Entfernung noch erkennbar sein.
- Schreiben Sie nur wenige prägnante Stichworte auf das Plakat, keine Texte.
- Ein Poster muss nicht unbedingt rechteckig sein. Sie können ihm auch eine Form geben, die zu Ihrem Thema passt, z.B. als Mann/Frau zur Repräsentation der Figuren im Text. Schneiden Sie den Fotokarton zurecht.
- Überlegen Sie sich im Vorfeld, wo und womit Sie das Poster aufhängen wollen. An Tafeln können Poster in der Regel mit Magneten befestigt werden, an glatten Flächen mit Krepp-Klebeband, an Pinnwänden mit Nadeln. Denken Sie daran, das entsprechende Material zu besorgen.

Es kommt nicht gut an, wenn Sie einen längeren Text aus dem Internet kopieren, ihn auf das Plakat kleben und Ihre Präsentation dann nur aus den Worten besteht: „Lesen können Sie ja selber!"

16 Überlegen Sie, welche Vor- und Nachteile die Gestaltung von einem oder mehreren Postern für Ihre Präsentation hat, und ergänzen Sie die Tabelle.

Vorteile von Postern	Nachteile von Postern
Poster sind oft eindrucksvoll und farbenfroh.	*Wenn man sich verschreibt, muss man das Poster neu gestalten oder etwas überkleben.*

Moderationskärtchen

Sie können wichtige Inhalte Ihrer Präsentation auch auf Moderationskärtchen schreiben und diese an einer entsprechenden Pinnwand, einer Tafel oder auf einem Poster befestigen.

Moderationskärtchen dienen nicht nur der ästhetischen Gestaltung des Posters, sie eignen sich auch gut, um die Struktur der vorgetragenen Inhalte zu veranschaulichen. Wie in einer Tabelle können horizontale und vertikale Zuordnungen vorgenommen werden. Da Farben, Formen und Größen der Kärtchen ein deutliches Signal für den Betrachter sind, sollten Sie sich im Vorfeld gut überlegen, wie Sie diese Signale gezielt einsetzen.

Bedenken Sie dabei Folgendes:

- Wenn man die Kärtchen, die es in verschiedenen Farben, Formen und Größen gibt, entsprechend geordnet aufhängt, helfen sie, Inhalte zu strukturieren.
- Nutzen Sie dabei die unterschiedlichen Größen (z. B. für eine größere Überschrift), Formen (z. B. Wolke als Gedankenblase) und die verschiedenen Farben (z. B. Rot für negative Aspekte, Grün für positive).
- Die Kärtchen sollten mit großen, klaren Buchstaben (ca. 5 bis 10 cm groß) und dicken Filzstiften beschriftet werden, damit man sie auch aus einiger Entfernung noch lesen kann.
- Vorteilhaft ist, dass man sie während des Vortrags umsortieren kann, z. B. um eine Entwicklung aufzuzeigen. Sie lassen sich zudem um weitere Kärtchen ergänzen, z. B. wenn in einer anschließenden Diskussion noch neue Gesichtspunkte geäußert werden.
- Nachteilig ist, dass die Kärtchen durcheinandergeraten, wenn man zu viele vorbereitet hat.

Methode

Prüfen Sie vor der Präsentation, ob Ihnen ein **Moderationskoffer mit Kärtchen und Stiften** zur Verfügung gestellt werden kann oder ob Sie selbst einen besorgen müssen. Überlegen Sie zudem, wo und wie Sie die Kärtchen befestigen wollen. Am besten eignen sich Pinnwände, an denen man sie mit Stecknadeln anheften und wieder abnehmen kann.

Flip-Chart, Tafel und Whiteboard

Auf einem Flip-Chart können Sie Papier mit einem dicken Filzstift schon im Vorfeld beschriften oder während der Präsentation wesentliche Punkte anschreiben. Sie können mehrere Seiten gestalten und während der Präsentation umblättern, aber auch wieder zurückblättern (z. B. wenn Sie unterstreichen wollen, dass Sie am Ende den Bogen zur Ausgangsfrage schlagen).

Auf eine Tafel können Sie mit Kreide in verschiedenen Farben vor oder während der Präsentation wichtige Stichworte schreiben. Nutzen Sie die verschiedenen Klappfunktionen der Tafel, um spontan Änderungen und Ergänzungen aufzunehmen. Sie sollten auch hier in großen, gut lesbaren Buchstaben schreiben. Allerdings kostet es wertvolle Präsentationszeit, wenn Sie erst kurz vor oder während der Präsentation etwas an die Tafel schreiben.

Auf ein Whiteboard kann man mit speziellen Stiften schreiben. Es sieht etwas professioneller aus als eine Tafel, hat ansonsten ähnliche Funktionen. Oft sind Whiteboards aber kleiner als Tafeln – das sollte bedacht werden, wenn das „Tafelbild" geplant wird.

Elektronische Tafel oder Smart Board

Mit einer elektronischen Tafel können Sie Ihr Tafelbild digital speichern und umgekehrt auch die Oberfläche Ihres Computers an die Wand projizieren. Zum Teil können auch mehrere Computer gleichzeitig auf diese Tafeln zugreifen. Sie sind für die Präsentation daher wie eine Kombination aus herkömmlicher Tafel und Computer zu nutzen.

Film und Tondokument

Wenn es zu Ihrem Thema passt, können Sie einen Ausschnitt aus einem Film oder aus einem Tondokument einbinden. Das könnte z. B. eine Szene aus einer Literaturverfilmung sein oder ein Ausschnitt aus einem Interview mit dem Autor. Sie können natürlich auch selbst erstellte Film- oder Tondokumente in die Präsentation einbringen.

Achten Sie darauf, dass die Filmsequenzen, die Sie zeigen, oder die Tonaufnahmen, die Sie vorspielen, nicht zu lang sind. Sonst haben Sie nicht genug Zeit, darüber zu sprechen.

17 Sie sollen eine Präsentation über die Literatur zur deutschen Wende (1989/90) machen. Recherchieren Sie, welches Filmmaterial dazu zur Verfügung steht.

____

____

Gegenstand

Bringen Sie zu Ihrer Präsentation einen Gegenstand mit, der Ihr Thema veranschaulicht. Alternativ untersuchen Sie Ihre Textvorlage auf Leitmotive und überlegen Sie, ob es sinnvoll wäre, ein Symbol für diese mitzubringen.
In einer Präsentation über Ulla Hahns Roman *Das verborgene Wort* (2001) brachte eine Abiturientin z.B. einen Pappmaché-„Buchstein" mit, auf dem Zitate aus dem Roman standen. „Buchsteine", deren schlangenförmige Linien fantasievollen Menschen Geschichten erzählen, sind ein zentrales Motiv in dem Roman.

18 Sie haben vor, eine Präsentation zu gestalten, in der Sie Nathanael aus E.T.A. Hoffmanns Erzählung *Der Sandmann* (1816/1817) mit Gregor aus Franz Kafkas Erzählung *Die Verwandlung* (1912) in Bezug auf ihre psychische Verfassung vergleichen sollen. Beschreiben Sie, welchen Gegenstand/welche Gegenstände Sie zur Veranschaulichung der Thematik mitbringen könnten.

Methode

Überlegen Sie realistisch, was Sie mitbringen können. Niemand erwartet, dass Sie sich für eine Präsentation teure Gegenstände anschaffen oder große und schwere Gegenstände mitbringen.
Außerdem bietet sich eine **Gegenstandsdarbietung** auch nicht bei jedem Thema gleichermaßen an.
Bringen Sie z.B. bitte keine Ratten mit in die Präsentation, wenn Sie über Wolfgang Borcherts Kurzgeschichte *Nachts schlafen die Ratten doch* (1947) sprechen!

19 Notieren Sie, welche Gegenstände zu Ihrem Thema passen könnten.
Überlegen Sie, was davon Sie besorgen oder selbst basteln könnten.

Methode

Sie können auch **verschiedene Medien** miteinander kombinieren, z.B. ein Poster an eine Tafel hängen und daneben mit Kreide Ergänzungen schreiben.
Oder Sie fassen die wichtigsten Punkte Ihrer Präsentation noch einmal auf einem „Lernplakat" zusammen, das dann während der gesamten Unterrichtsreihe im Klassenraum hängen bleiben oder in der Schule ausgestellt werden kann.
Ganz gleich, welche Medien Sie wählen, achten Sie darauf, dass Sie Geschriebenes immer in korrekter Orthografie und Grammatik präsentieren. Schreiben Sie also alles, was Sie „veröffentlichen" wollen, vor und korrigieren Sie es mit Hilfe eines Rechtschreibwörterbuchs.

20 Notieren Sie hier, welche Medien zur Visualisierung Ihnen für Ihre Präsentation möglich erscheinen.

7 Durchführung der Präsentation

7.1 Verschiedene Hilfsmittel für ein gutes Gelingen

Viele Menschen sind sehr aufgeregt, wenn sie eine Präsentation durchführen müssen.
Allein vor einer Gruppe zu stehen und längere Zeit zu sprechen, macht ihnen Angst.
Mit der richtigen Vorbereitung schafft man es, diese Angst in den Griff zu bekommen und die Präsentation erfolgreich vorzutragen.
Sie sollten Ihre Präsentation möglichst nicht erst am Abend vor dem festgesetzten Termin fertig haben, damit Ihnen genug Zeit zur Vorbereitung des Vortragens und zum Üben bleibt.

Das freie Sprechen vorbereiten

Am besten wirkt eine Präsentation, wenn sie frei vorgetragen wird. Das können die meisten aber nicht auf Anhieb.
Die folgenden Anregungen helfen Ihnen dabei.

- Schreiben Sie z.B. den gesamten Vortrag ausformuliert auf und markieren Sie dann wichtige Begriffe auffällig. So können Sie beim Vortragen mit einem Auge den Text im Blick behalten – das gibt Sicherheit – und trotzdem die Zuschauer immer wieder einmal anschauen.
  Versuchen Sie dabei, möglichst wenig auf das Blatt zu sehen.
- Eine Alternative zum ganz freien Sprechen oder zum vollständigen Ablesen ist, sich die wesentlichen Aspekte auf Karteikarten zu notieren.
- Schreiben Sie keine ganzen Sätze auf. Das verführt zum Ablesen.
- Verwenden Sie, wenn möglich, Zeichen statt Wörter, z.B. + statt *und*, oder → statt *das hat die Konsequenz, dass* etc. Zeichen sind kürzer und übersichtlicher.
- Notieren Sie auch an der richtigen Stelle „Regieanweisungen" für sich selbst, z.B.: *Computerfolie 6 einschalten* oder *Overheadfolie auflegen*.
- Schreiben Sie so groß und deutlich, dass Sie Ihre Notizen auch aus dem Augenwinkel lesen können.
- Überlegen Sie, welche Informationen Sie leicht vergessen (z.B. Namen, Jahreszahlen).
  Diese sollten Sie sich genau notieren.

*Präsentation: **„Effi Briest im Film"*** *Karte 1*

Erste Folie: Filmbilder aus zwei Versionen: Leitfrage

- *Einleitung: Kann man Effi Briest überhaupt verfilmen?*
- *Roman ≠ Drama*
- *Film ≠ Erzähler*
- *Vergleich Fassbinder (1972–74) + Huntgeburth (2009)*

1 Entwerfen Sie Karteikarten zu Ihrer Präsentation. Notieren Sie in der Kopfzeile die Nummer der Karte, damit Sie nicht durcheinandergeraten. Verfassen Sie dann die Notizen mit möglichst wenigen Worten. Allerdings sollte das Wichtigste zu finden sein, damit Sie im Zweifelsfall nicht den „roten Faden" verlieren.
Tipp: Drucken Sie nicht nur die Folien aus und lesen sie ab. Das ist langweilig und macht keinen guten Eindruck.

Methode

Wenn Sie alle Kärtchen geschrieben haben, überprüfen Sie zunächst, dass es nicht zu viele sind, sonst verlieren Sie die Übersicht. Faustregel: **Eine Karteikarte** sollte **pro Vortragsminute** reichen! Gehen Sie dann noch einmal alle Notizen auf den Kärtchen durch und klären Sie, ob alle wesentlichen Informationen enthalten sind, bevor Sie beginnen, den Vortrag zu üben.

Das Vortragen üben

Damit Sie Ihre Präsentation möglichst sicher halten können, sollten Sie im Vorfeld den Vortrag üben.
Beherzigen Sie dabei folgende Hinweise:

- Spielen Sie die Präsentation mehrmals vollständig durch, bis Sie sicher wissen, was Sie wann sagen wollen.
- Sprechen Sie dabei laut. Vielleicht hört ein Freund oder eine Freundin zu und gibt Ihnen ein paar Ratschläge zur Verbesserung.
- Üben Sie den Vortrag auch vor dem Spiegel (oder filmen Sie sich selbst) und überprüfen Sie selbst Ihre Wirkung.
- Versuchen Sie, langsam und ruhig zu sprechen und dabei die Stellen zu betonen, die Ihnen besonders wichtig erscheinen.
- Probieren Sie vor dem Spiegel eine Körperhaltung aus und achten Sie auf Ihre Gestik und Mimik. Diese sollte nicht übertrieben, aber klar und unterstreichend sein.
- Schauen Sie bei Ihrer Probepräsentation auf die Uhr und überprüfen Sie, ob Sie mit der Zeitplanung zurechtkommen. Kürzen Sie ggf. oder überlegen Sie, ob Sie vielleicht zu schnell sprechen.
- Eine Haltung mit den Händen in den Hosentaschen und Kaugummikauen sind während der Präsentation tabu.
- Wichtig ist, dass Sie Ihr Publikum immer wieder anschauen.
- Versuchen Sie, fest auf dem Boden zu stehen, während Sie präsentieren.
- Üben Sie mehrmals, Ihren Vortrag zu halten, damit Sie inhaltlich sicher sind und wissen, was Sie wann sagen wollen.
- Nehmen Sie Ihre Notizen zur Hand, die darüber Auskunft geben, wann Sie welche Gestik und Mimik einsetzen wollen. Spielen Sie dies vor dem Spiegel selbstkritisch durch. Verändern Sie, was Ihnen unpassend erscheint.
- Wenn Sie schon etwas geübter sind: Lernen Sie den Text nicht Wort für Wort auswendig, sondern nur das, was Sie inhaltlich sagen wollen. Formulieren Sie die einzelnen Sätze dann spontan. Das wirkt souveräner und verhindert, dass Sie zu schnell sprechen.
- Zum Vortragen-Üben kann man auch einmal „Karaoke" spielen (d.h., man stellt eine unbekannte, computergestützte Präsentation aus dem Internet zu einem unbekannten Thema spontan vor und überlegt sich dabei einen passenden Vortragstext). Das macht Spaß und trainiert das freie Sprechen.
- **Aber:** Spielen Sie im Ernstfall nicht Karaoke, sondern üben Sie Ihren Vortragstext im Vorfeld.

Überziehen Sie die zur Verfügung stehende Zeit nicht.
Im Abitur kann es Ihnen passieren, dass Ihre Präsentation als unfertig abgebrochen wird, bevor Sie alles gesagt haben. Dann fehlt ein Teil. Auch in anderen Kontexten (Konferenzen, Vorstellungsgesprächen, Verkaufspräsentationen) wird es nicht gern gesehen, wenn jemand den Zeitplan durcheinanderbringt.

2 Schauen Sie sich das Bild genau an. Beschreiben Sie dann, wie die Vortragende auf Sie wirkt. Welche Tipps würden Sie ihr geben, mit denen sie ihren Vortrag perfektionieren könnte?

Einen ruhigen, selbstsicheren Eindruck erwecken

Es ist wichtig, dass Sie bei der Durchführung Ihrer Präsentation einen gelassenen, selbstsicheren Eindruck machen – auch wenn Sie sich zunächst gar nicht so fühlen. Dabei helfen Ihnen folgende Ratschläge.

3 Ordnen Sie Satzanfänge und -enden einander zu:

Sie sollten versuchen, möglichst fest auf dem Boden zu stehen, •	• das macht Sie noch nervöser und offenbart diese Aufregung auch dem Publikum.
Laufen Sie nicht aufgeregt durch den Raum, •	• sie gibt Ihnen auch die Energie, diese Stresssituation zu bewältigen.
Versuchen Sie, tief und gleichmäßig zu atmen, •	• das vermittelt den Eindruck von Selbstsicherheit.
Wenn Sie sehr aufgeregt sind, •	• das gibt Ihnen Ruhe.
Sie sollten Ihr Publikum möglichst direkt ansehen. Wenn das nicht gelingt, •	• Sie haben sich so lange damit beschäftigt, dass Sie Ihren Zuhörerinnen und Zuhörern bestimmt einiges sagen können, was diese vorher nicht gewusst oder so nicht gesehen haben.
Machen Sie sich bewusst, dass Sie Expertin bzw. Experte für Ihr Thema sind; •	• suchen Sie sich einen Punkt im Publikum, auf den Sie schauen. Konzentrieren Sie sich auf diesen Punkt. Wenn Ihr Blick ziellos durch den Raum schweift und Sie es vermeiden, jemanden anzuschauen, wirkt das unsicher.
Versuchen Sie, die Aufregung, die Sie empfinden, nicht nur negativ zu sehen, •	• nehmen Sie etwas in die Hände, woran Sie sich „festhalten“ können, z. B. Karteikarten, eine Computermaus, die Kante von einem Stehpult oder einen kleinen Ring, an dem Sie notfalls unauffällig Ihre Nervosität abreagieren können.
Drehen Sie dem Publikum wenn möglich nicht den Rücken zu, •	• um etwas auf der Projektionsfläche hervorzuheben. Dafür brauchen Sie sich kaum umzudrehen.
Lesen Sie deshalb lieber aus den Augenwinkeln mit, was auf dem Computerbildschirm/ auf dem Overheadprojektor steht, •	• zumindest nicht, während Sie sprechen.
Sie können auch einen Laserpointer benutzen, •	• drehen Sie sich z. B. nicht zur Projektionsfläche um, um etwas zu erläutern.

Die Hilfsmittel rechtzeitig bereitstellen

Sie sollten sich rechtzeitig vor Ihrer Präsentation vergewissert haben, dass mit der benötigten Technik alles in Ordnung ist. So ersparen Sie sich überflüssige Aufregung.

- Probieren Sie die Technik, die Sie verwenden möchten, an Ort und Stelle aus und schauen Sie, ob alles funktioniert.
- Sehen Sie ein paar Tage vor der Präsentation nach, ob Projektionsflächen für Overheadprojektoren oder Beamer vorhanden sind und ob es Verdunklungsmöglichkeiten gibt. Manchmal kann man das Projizierte nicht lesen, weil Sonnenschein die Kontraste nimmt.
- Wenn Sie Poster oder Plakate verwenden, prüfen Sie schon Tage vor der Präsentation, ob es Möglichkeiten gibt, diese aufzuhängen, und was Sie dafür ggf. noch besorgen müssen.
- Wenn Sie Moderationskarten verwenden, prüfen Sie im Vorfeld, wo Sie diese aufhängen können, ob es z. B. eine Pinnwand dafür gibt.
- Wenn Sie eine Tafel verwenden wollen, prüfen Sie genau die Größe der Tafel und planen Sie, was Sie wo hinschreiben werden.

7.2 Einbeziehung des Publikums

Im Allgemeinen gilt, dass es sinnvoll ist, bei Präsentationen das Publikum mit einzubeziehen. Allerdings ist dies in der Präsentationsprüfung im Abitur nur sehr begrenzt sinnvoll oder möglich, da Sie dort Prüfer und keine „normale" Zuhörerschaft vor sich haben.
Was das aktive Einbeziehen des Publikums bei Ihrer Präsentation betrifft, gelten entsprechend unterschiedliche Regeln, je nachdem, welche Zuhörerschaft Sie vor sich haben. Wenn Sie also nicht Prüfling im Abitur sind, haben Sie folgende Möglichkeiten:

- Regen Sie Ihr Publikum zu aktivem Handeln an. Das könnte z. B. in Form eines kleinen Quiz am Ende sein. Alternativ bitten Sie zwischendurch ein Mitglied der Gruppe, ein Bild zu beschreiben o. Ä. Das fördert die Aufmerksamkeit für Ihr Thema.
- Sagen Sie dem Publikum, wann Sie Zeit für Nachfragen eingeplant haben. Das kann entweder am Ende der Präsentation sein oder zwischendurch, wenn die Fragen aufkommen. Entscheiden Sie, was Ihnen lieber ist, und teilen Sie das den Zuhörerinnen und Zuhörern zu Beginn der Präsentation mit.
- Regen Sie eine Diskussion an. Möglicherweise berührt Ihre Präsentation strittige Punkte. Erstellen Sie z. B. zunächst ein Meinungsbild der Zuhörerschaft zu diesem Thema und erläutern Sie dann die Argumente für Ihre Lösung.

Achten Sie auf die Zusammensetzung der Zuhörerschaft. Es ist bei der Frage des Einbeziehens ein Unterschied, ob Sie Jugendliche oder Erwachsene vor sich haben. Außerdem können Sie z. B. mit Klassenkameraden anders umgehen als mit einem Gremium in Ihrem beruflichen Umfeld.

1 Lesen Sie die Vorschläge, wie Sie Ihr Publikum zum Mitmachen auffordern können.
Wählen Sie dann für jede unten aufgeführte Zuhörerschaft eine Textmarker-Farbe und markieren Sie für jede Gruppe passende Vorschläge.

- „Probiert/Probieren Sie, wie die Lieblingsplätzchen von G. E. Lessing schmecken."
- „Beschreibt/Beschreiben Sie, was euch/Ihnen bei diesem Bild auffällt."
- „Schreibt/Schreiben Sie alle Autoren der Aufklärung an die Tafel, die euch/Ihnen einfallen."
- „Könnt ihr euch/Können Sie sich noch erinnern, worum es in der *Ringparabel* ging?"
- „Weiß einer von euch/Ihnen noch, von wem das Zitat ‚Cogito, ergo sum' stammt?"
- „Ich möchte am Ende ein kleines Quiz einbauen, um zu überprüfen, ob alle die wichtigsten Inhalte verstanden haben."
- „Diese Darstellung haben wir vor kurzem in der Klasse entwickelt, um die Merkmale der Epoche zu veranschaulichen."
- „Ich möchte Ihnen hier kurz vorstellen, wie Sie Geschäftsbriefe, die Sie in unserem Hause verfassen, stilsicher gestalten können."
- „Diskutiert/Diskutieren Sie, wie es zu dieser Entwicklung gekommen sein könnte."
- „Den Einsatz der Medien kann ich – wenn Sie möchten – gern später im Kolloquium noch erläutern."
- „Ich werde am Ende Zeit für Nachfragen lassen."

a) Schulklasse (Sek I)
b) Schulklasse (Sek II)
c) Gremium in einem möglichen beruflichen Umfeld
d) Abiturkommission
e) Elternschaft bei einem Elternabend o. Ä.

2 Notieren Sie nun, an welcher Stelle in Ihrer Präsentation es sinnvoll wäre, Ihr Publikum einzubeziehen, und welche Form dafür angemessen wäre.

8 Vorbereitung auf das anschließende Kolloquium

In den meisten Bundesländern folgt auf die Präsentation noch eine Art mündliche Prüfung – das Kolloquium, in dem die Präsentation, d. h. Ihr Thema, dessen Eingliederung in Unterrichtskontexte und die mediale Gestaltung, reflektiert werden.
Erkundigen Sie sich bei Ihrem Fachlehrer, wie genau diese Phase in Ihrem Bundesland üblicherweise gestaltet wird.

Eine Methodenreflexion durchführen

Wenn Sie in der Reflexion Ihrer Präsentation die Verschränkung von Form (Methode, Medien) und Inhalt (Thema der Präsentation) darstellen wollen, so sollten Sie sich vorher darüber Gedanken machen, worin diese Verbindung bestehen könnte.

Zur Verdeutlichung ein Beispiel:
Eine Schülerin soll einen Drehbuchtext mit einem Gegenwartsroman vergleichen. Sie beschließt, all das, was sie zu dem Drehbuchtext sagen wird, mit Computerfolien zu präsentieren – so kann sie auch Bilder aus dem Film zeigen –, und alles, was sie zu dem Roman sagt, auf Postern darzustellen. In der anschließenden Reflexion kann sie darüber hinaus begründen, dass der Autor des Romans den Gebrauch des Computers bei der Arbeit verweigert und dass sie sich deshalb und zur klaren Strukturierung der Präsentation für diese Differenzierung entschieden habe.

1 Kreuzen Sie an. Es können auch mehrere Antworten richtig sein.
Wenn Sie aufgefordert werden, die Methoden Ihrer Präsentation zu reflektieren, dann sollen Sie möglichst ...

- ☐ noch einmal die Inhalte Ihrer Präsentation zusammenfassen.
- ☐ die Medien benennen, die Sie benutzt haben.
- ☐ die Funktion beschreiben, die die Medien in Ihrer Präsentation hatten.
- ☐ Ihre Vorgehensweise begründen.
- ☐ die Wahl der von Ihnen verwendeten Medien begründen.
- ☐ überlegen, welche Alternativen es gegeben hätte, das Thema zu präsentieren.
- ☐ sagen, dass Sie sich darüber noch gar keine Gedanken gemacht haben.
- ☐ abwägen, welche Vor- und Nachteile die von Ihnen gewählten Methoden haben.
- ☐ mit dem Inhalt des Themas die Wahl der Methoden begründen.
- ☐ sagen, dass eine andere Methode sicher besser gewesen wäre.

Zu den Vor- und Nachteilen der einzelnen Medien schauen Sie an entsprechender Stelle nach (▸ Kap. 6).

2 Füllen Sie die Tabelle für Ihre Präsentation stichwortartig aus.

Thema der Präsentation	
Medien und Methoden, die Sie verwendet haben	
Funktion in der Präsentation	
Vorteile	
Nachteile	
Alternativen	
Grund für die Wahl Ihrer Methoden/Medien	
Bezug zum Thema	

Überblickswissen mit der Präsentation verbinden

Je nach den spezifischen Anforderungen der einzelnen Bundesländer und je nach Prüfungskommission wird dieser Prüfungsteil unterschiedlich ausfallen. In der Regel wird es aber in den Fragen der Prüfenden nicht darum gehen, weiteres Detailwissen zu Ihrem Thema abzufragen. Vielmehr wird eher überprüft, ob Sie das, was Sie in Ihrer Präsentation dargestellt haben, auch in einen größeren Zusammenhang einordnen können. Hierbei kann das Wissen von ein bis zwei Schulhalbjahren die Grundlage bilden.

Zur Verdeutlichung ein Beispiel:
Wenn Sie J.W. von Goethes *Die Leiden des jungen Werthers* mit Ulrich Plenzdorfs *Die neuen Leiden des jungen W.* vergleichen sollen, ist es wichtig, die wesentlichen Inhalte aus dem Halbjahr zum Thema „Sturm und Drang" und die Inhalte aus dem Halbjahr über „Gegenwartsliteratur" präsent zu haben.

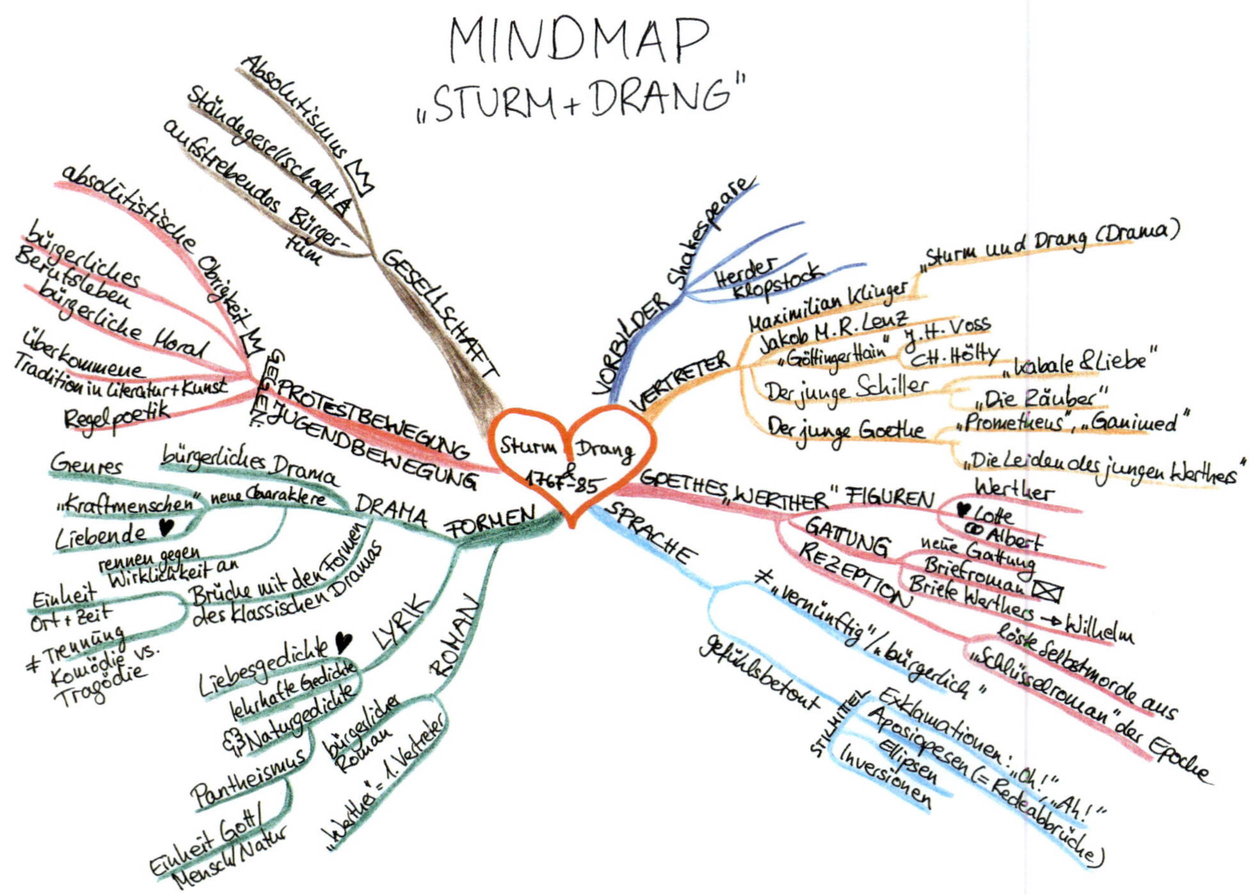

3 Markieren Sie mit einem Textmarker all diejenigen Elemente in der Mindmap, die für das vorgegebene Thema wirklich relevant sein könnten, d.h. welche Elemente des Sturm und Drang in Goethes Roman eine Rolle spielen. Dann haben Sie schnell einen Überblick, inwieweit epochetypische Elemente darin vorkommen. Alles, was Sie sich angestrichen haben, sollten Sie in der Präsentation inhaltlich wiedergeben können.

Eine **Mindmap** hilft, sich wichtige Aspekte aus den Halbjahren wieder ins Gedächtnis zu rufen und sie dabei in Ober- und Unterpunkte zu sortieren. So bleiben sie besser in der Erinnerung haften. Sie werden dabei auch feststellen, wo noch Wissenslücken sind, die es zu schließen gilt.

4 Arbeiten Sie Ihre Unterlagen durch (Unterrichtsmitschriften, Arbeitsblätter etc.) und erstellen Sie eine Mindmap zu dem Halbjahresthema, an das Ihr Thema anknüpft.
Wenn es an zwei Themen anknüpft, erstellen Sie zwei Mindmaps.
Tipp: Binden Sie Ihr Präsentationsthema in die Mindmap ein, damit Ihnen seine Position im Halbjahreszusammenhang bewusst wird. Im oben genannten Beispiel könnte das Thema also lauten:

> Ordnen Sie Goethes *Die neuen Leiden des jungen Werthers* der Gattung „bürgerlicher Roman" zu.

Texte, Themen und Strukturen

Arbeitsheft: **Präsentationsprüfung**
Lösungen

1 Die Präsentation

→ S. 3

1 *Die Schülerinnen und Schüler präsentieren Einzel-, Gruppen- oder Partnerarbeitsergebnisse; die Lehrkraft präsentiert Unterrichtsinhalte; Projekte werden präsentiert; Präsentationsprüfungen im Abitur.*

2
- Feste: private oder geschäftliche Feiern, z. B. Geburtstag, Jubiläum
- *Politik: z. B. Präsentation eines politischen Programms*
- *Uni: z. B. Referat im Seminar; Präsentation einer Facharbeit; Projektpräsentation; Vorlesung …*
- *Wirtschaft: Produktpräsentation; Werbung; Projektpräsentation; Vorstellungsgespräch*
- *Fernsehen: z. B. Nachrichten*

Weitere Antworten sind möglich, da es heutzutage in vielen verschiedenen Bereichen Präsentationen gibt.

2 Die Präsentationsprüfung planen

2.1 Die Aufgabenstellung verstehen

→ S. 4

1

vergleichen	*nach vorgegebenen oder selbst gewählten Gesichtspunkten Gemeinsamkeiten, Ähnlichkeiten und Unterschiede ermitteln und darstellen*
analysieren (ggf.: in Bezug auf)	*unter gezielten Fragestellungen sprachliche, inhaltliche und/oder strukturelle Merkmale eines Textes systematisch erschließen und im Zusammenhang darstellen*
diskutieren/erörtern	*eigene Gedanken zu einer Problemstellung entwickeln und ein abgewogenes Urteil fällen. Hierbei sind unterschiedliche Standpunkte auszuführen und zu begründen*
(ggf.: thesenartig) zusammenfassen	*den Text auf zentrale Textaussagen reduzieren (vollständige Sätze)*
charakterisieren	*eine Person oder Sache in ihrer Eigenheit darstellen, treffend und anschaulich schildern bzw. kennzeichnen*

Hinweis: Diese Bedeutungen der Operatoren gelten für das Bundesland Hessen, Stand 01. 09. 2009.

2 *Die Aufgabenstellung besagt, dass ich die Gedichte (d. h. mehrere „typische“ Texte) von Ingeborg Bachmann daraufhin untersuchen soll, ob sie den Zweiten Weltkrieg thematisieren. Wenn möglich, sollte ich einige Argumente für den Standpunkt, dass er ein wichtiges Thema in ihrem lyrischen Werk ist, finden (Gibt es z. B. Gedichte, in denen der Krieg thematisiert ist? Gibt es Sekundärtexte, die sich mit dieser Frage beschäftigen?) und einige Argumente dagegen (Gibt es z. B. Gedichte, in denen der Zweite Weltkrieg keine Rolle spielt? Gibt es Sekundärtexte, die andere Themen für wichtiger halten?). Am Ende muss ich dann eine Schlussfolgerung aus beiden Positionen ziehen, die deutlich macht, zu welchem eigenen Urteil ich nach Abwägung aller mir zugänglichen Argumente gekommen bin.*
Beim Erörtern ist das Abwägen unterschiedlicher Positionen und ihrer Argumente wichtig und ein Resümee, das deutlich macht, zu welcher eigenen Haltung Sie unter Berücksichtigung aller Argumente kommen.

2.3 Die Präsentationsform wählen

→ S. 6

1

Präsentationsformen

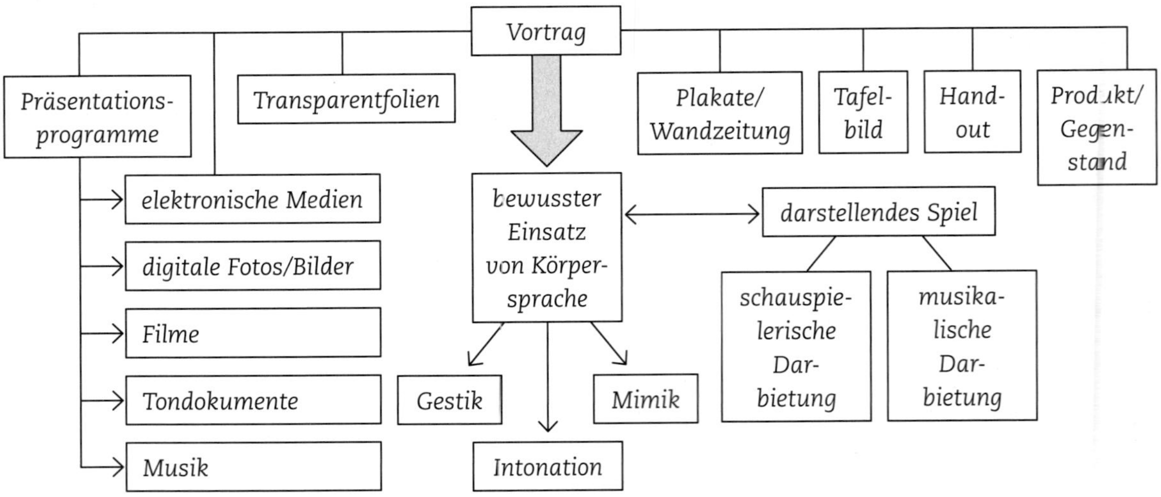

2 *… Musikbeispiele aus der Zeit in den Vortrag einbinden.*

3 Das Material beschaffen

3.1 Informationen sammeln

→ S. 9

3 z. B. *http://www.haertling.de/ zuletzt überprüft am 17.11.2009*

→ S. 11

9 *Man könnte z. B. im Internet suchen, ob es auf der Homepage Kontaktdaten gibt. Autoren können aber auch immer über die Verlage (per Post oder E-Mail) angeschrieben werden.*
Darüber hinaus kann man natürlich auch zu Dichterlesungen oder auf Buchmessen gehen, um Autoren zu begegnen.

3.2 Informationen auswerten

→ S. 13

2 Quelle: *Jochen Bölsche, „Überall Fliegendreck“ (Auszug).* Der Spiegel Heft 26/2000.
In: Sprache im Gebrauch: Vielfalt und Normierung. *Hg. Dietrich Erlach und Bernd Schurf. Erarbeitet von Lisa Böcker. Berlin: Cornelsen, 2001, S. 65 f.*

Thema	Inhalt	Zeilenangabe	Kommentar
Die Pluralbildung mit Apostroph in der deutschen Sprache	*Der Autor beklagt sich, dass nicht nur die Genitivbildung mit Apostroph aus dem Englischen immer öfter ins Deutsche übernommen wird, sondern dass auch immer häufiger das Plural-s mit Apostroph abgetrennt wird.*	*Z. 12–15, 39–41, 81–86*	*Ist das ein „Anglizismus“ im engeren Sinne?*
	Zitat: „Apostrophitis“	*Z. 27*	*negative Konnotation durch die Endung „-itis“ wie bei einer Krankheit*
	Zitat: „Deppen-Plural“	*Z. 87*	*Verunglimpfung der Sprachnutzer; keine offene Haltung gegenüber dem Sprachwandel*

4 Die Präsentation inhaltlich ausarbeiten und gliedern

4.1 Zentrale Thesen und Ziel der Präsentation festlegen

→ S. 17

4 – verschiedene Sprachursprungstheorien vorstellen
- *Argumente für und anschließend gegen die unterschiedlichen Theorien aufzeigen (eigene und zitierte)*
- *eigene Position daraus entwickelt darstellen*

4.2 Eine Gliederung erstellen – Orientierung an der Problemfrage

→ S. 17

1 *Inwieweit ist Alfred Döblins Roman* Berlin Alexanderplatz *ein typischer Vertreter der Epoche „Neue Sachlichkeit"? Inwiefern ist er es nicht?*

2 – *Präsentation eines Textauszuges aus* Berlin Alexanderplatz
- *Definition des Epochenbegriffs „Neue Sachlichkeit"*
- *Anwendung des Epochenbegriffs auf den Roman* Berlin Alexanderplatz
  - *a) Epochentypisches*
  - *b) Expressionistische Elemente*
  - *c) Elemente, die nicht klar zuzuordnen sind*
- *Resümee*

5 Die Präsentation adressatengerecht gestalten

5.1 Einen interessanten Einstieg gestalten

→ S. 18

1 *mögliche Lösung:*
„Ist der Faust-Stoff heute noch aktuell?" oder:
„Inwiefern enthält J. W. von Goethes Faust. Der Tragödie Erster Teil *auch komische Elemente?"*

2 *mögliche Lösung:*
„60 % der zwischen 1990 und 1999 neu in die deutsche Sprache eingegangenen Begriffe stammen aus dem amerikanischen Englisch." oder:
„Keiner sagt in Deutschland zum Taschenbuch pocket book *– warum nennen wir das* Mountainbike *nicht einfach* Bergfahrrad*?"*

→ S. 19

3 – Wenn Ihre Präsentation vom „Sinn und Zweck von Jugendsprache in der Entwicklung eines jungen Menschen" handelt, könnten Sie *mit einer Filmsequenz beginnen, in der Jugendliche einer typisch deutschen Sendung in Jugendsprache miteinander kommunizieren.*
- Wenn Ihre Präsentation das Georg-Heym-Gedicht „Ophelia" zum Thema hat, könnten Sie *als Einstieg das Bild „Ophelia" (1852) von John Everett Millais zeigen.*

5 *Es könnte z. B. eine Szene gespielt werden, in der sich zwei jugendliche Mädchen (Amine und Egle) auf den Disko-Besuch oder eine Party vorbereiten, als ein junger Mann hinzukommt. Sie würden wahrscheinlich keine Kränze winden (vgl. erste Regieanweisung), sondern eher eine neue Frisur ausprobieren, überlegen, was sie anziehen, und sich vor dem Spiegel schminken. Überlegen Sie, welches Geschenk Lamon den Mädchen mitgebracht haben könnte. Möglicherweise bleibt es bei Rose und Nelke, weil dadurch auch über die Jahrhunderte hinweg deutlich wird, dass die Rose als Liebessymbol am ehesten Lamons Freundin Egle zusteht und nicht ihrer Freundin Amine. Übertragen Sie auch die Sprache in ein moderneres Deutsch. z. B. „Du weißt doch, dass ich nur dich liebe, warum darf ich Amine dann nicht eine Blume schenken, die besonders gut zu ihrem Haar passt?"*

5.2 Den Hauptteil ausarbeiten

→ S. 21

1 *mögliche Lösung:*
- Gegenüberstellung des Handlungsverlaufs Film/Roman mit Fokussierung der Schlussszene
- *Herausarbeitung der Gemeinsamkeiten*
- *Herausarbeitung der Unterschiede*
- *Bedeutung der Unterschiede für das Verständnis der Geschichte*
- *Schluss: begründete Beurteilung, ob Sie diese Variation und die durch sie verursachte Interpretation des Romans für sinnvoll, schlüssig, überzeugend halten*

6 Sprache und Form der Präsentation

6.1 Die sprachliche Gestaltung festlegen

→ S. 25

2 *„Guten Morgen, liebe Mitschüler, lieber Herr/liebe Frau … Ich habe mich mit der Frage auseinandergesetzt, welchen Einfluss die Psychoanalyse auf das Werk von Arthur Schnitzler hatte, und ich freue mich, die Ergebnisse hier präsentieren zu dürfen. Ich habe exemplarisch die Traumnovelle von Schnitzler untersucht und festgestellt, dass in diesem Werk zahlreiche Erkenntnisse der Psychoanalyse literarisch aufgearbeitet werden. Das ist besonders interessant, wenn man bedenkt, dass Sigmund Freud seine Traumdeutung 1900 veröffentlicht hat, also 25 Jahre bevor die Traumnovelle von Schnitzler erschienen ist. Beide Autoren haben zur gleichen Zeit in Wien gelebt, es ist also naheliegend, dass sie einander wahrgenommen haben."*

3 Einführung in einen neuen Unterpunkt
Lassen Sie mich nun damit fortfahren, …
Dabei werde ich folgendermaßen vorgehen: …

Das Thema wechseln
Andererseits …
Im Gegensatz dazu …

Auf Beispiele verweisen
Diese Behauptung lässt sich an folgenden Textstellen belegen: …
Schaut man sich hingegen die folgende Stelle an: …

→ S. 26

4 Danken
Ich möchte mich ganz herzlich bedanken, dass ich die Möglichkeit erhalten habe, meine Ideen hier vorzustellen.
Vielen Dank für eure/Ihre Aufmerksamkeit.

Zu Fragen ermuntern
Für weitere Fragen stehe ich nun gern zur Verfügung.
Habt ihr/Haben Sie noch Fragen zu diesem Thema?

Zusammenfassung
Die wesentlichen Argumente sind also: …
Zusammenfassend kann gesagt werden: …

Schlussfolgerung
Zum Schluss bleibt mir nur noch zu sagen: …
Abschließend möchte ich noch sagen: …

6.2 Formale Aspekte berücksichtigen

→ S.28

2 *Theodor Fontane,* Irrungen, Wirrungen. *Stuttgart: Reclam, 1891/2007.*

3 *Aichinger, Ilse. „Spiegelgeschichte". In:* Klassische deutsche Kurzgeschichten. *Hg. Werner Bellmann. Stuttgart: Reclam, 2005, S. 56–68.*

6.3 Darstellende Präsentationsformen auswählen

→ S.30

2 *mögliche Lösung:*
Die Passage ist in Prosa verfasst und muss in einen dramatischen Text umgewandelt werden. Da keine direkte Rede vorkommt, bietet es sich an, eine pantomimische Szene daraus zu entwickeln. Dabei kommt es darauf an, die zentrale Entdeckung darzustellen, die die Frau hier macht: die unsichtbare Wand, die von nun an ihr Leben begrenzen wird.
Es könnte z. B. zunächst der Weg dargestellt werden, den sie durch das bergige Land zurücklegt. Dabei müsste sie dann über verschiedene Hindernisse klettern – bis sie an die Wand kommt. Diese könnte sie (in der Luft) abtasten, so entsteht eine virtuelle Wand, die für den Zuschauer „sichtbar" wird.
Den Hund könnte man aus der Szene streichen – oder Sie versuchen, einen deutlichen Rollenwechsel zwischen Hund und Frauchen darzustellen, indem Sie mal – auf den Boden gekauert – den Part des Hundes übernehmen und mal – stehend – den der Frau. Beide müssten dann in eine nonverbale Kommunikation eintreten, das jeweils virtuelle Gegenüber anschauen etc., damit die Doppelrolle für den Zuschauer erkennbar wird.
Denkbar wäre es auch, einen Dialog aus dem Jaulen und Gewinsel des Hundes und Reaktionen der Frau wie „du hast dir bestimmt auf die Zunge gebissen" (vgl. Z. 7) zu gestalten. Wichtig wäre dabei, dass erkennbar wird, dass sie alle möglichen Erklärungen sucht, weil sie sich nicht vorstellen kann, dass plötzlich um sie herum eine unsichtbare Wand steht.
Am Ende der Szene sollte die Frau sitzen (auf einem Baumstamm), sich ihre Beule reiben und in Gedanken versunken sein.
Diese drei Abschnitte müssten erkennbar sein: die ahnungslose Frau in den Bergen; die Begegnung mit der Wand; ihre Reaktion auf die Erfahrung mit der Wand.

6.4 Mediale Präsentationsformen nutzen

→ S.30

1 Statistiken; Namen *(nur, wenn sie sehr ungewöhnlich sind oder ungewöhnlich geschrieben werden);* größere Zahlen *(wenn sie wichtig sind);* Jahreszahlen *(nur wichtige);* Schlüsselbegriffe; Gesichter von wichtigen Personen; komplizierte Abläufe *(schematisch, nicht als Fließtext);* Zitate *(nur, wenn sie kurz sind und eine wichtige Rolle spielen oder wenn es schwer ist, sie beim ersten Hören richtig zu verstehen, Wortspiele etc.)*

→ S.32

4
- *Rechtschreibung: Man muss die Rechtschreibung/Grammatik und Zeichensetzung genau kontrollieren.*
- *Sprachen: Man sollte nur eine Sprache durchgehend auf allen Folien verwenden. Wenn man z. B. Bilder oder Grafiken verwendet, sollte man darauf achten, dass sie in der gleichen Sprache beschriftet sind, in der man seine Präsentation hält. Sonst sollte man Hilfen zur Übersetzung angeben.*
- *Bilder: Man sollte Fotos, Gemälde und Grafiken verwenden, um die Präsentation anschaulicher zu gestalten. Hierzu kann man eigene Bilder etc. hochladen, erstellen oder scannen.*
- *Filme/Videoclips: Kurze Filme, Filmausschnitte oder Videoclips können in die Präsentation integriert werden und machen sie oft interessanter.*
- *Nicht zu viele Folien gestalten. Man sollte daran denken, dass die Präsentation insgesamt zeitlich begrenzt ist. Man kann etwa 1–2 Folien pro Minute rechnen, die der Vortrag dauern soll. Der Schwerpunkt sollte auf dem Vortrag, nicht auf den Folien liegen.*
- *Als Notizblatt sollte man nicht die einzelnen Folien oder eine ausgedruckte Form von ihnen verwenden. Hier bieten sich Karteikarten an, auf denen aber nicht die gleichen Sätze wie auf den Folien stehen sollten.*
- *Man sollte darauf achten, dass die computergestützte Präsentation dem Präsentierenden nicht die Show stiehlt. Die Person sollte als Vortragende/r erkennbar bleiben. Man sollte sich nicht hinter der Präsentation verstecken, denn sie ist nur ein Hilfsmittel, kein Selbstzweck.*

→ S. 33

6 *Folie 2 ist gelungen. Die Schrift ist gut lesbar.*

→ S. 34

8 *mögliche Lösung:*

Die Schrift (Freestyle) ist schlecht lesbar. Besser wären die Schriftarten Arial, Verdana oder Tahoma.
Es ist zu viel Text auf einer Folie, das ist unübersichtlich. Sinnvoller wäre es, den langen Text auf mehrere Folien zu verteilen.
Ein Bild zur Verdeutlichung des Textes ist oft hilfreich. Allerdings überschneiden sich hier einige Verse mit dem Bild. Dadurch sind sie nicht oder nur schwer lesbar. Es wäre besser, die Schrift nicht über das Bild laufen zu lassen, oder nur an den Stellen, an denen die Lesbarkeit nicht eingeschränkt ist.

→ S. 36

12 *mögliche Lösung:*

Der Grundaufbau des Handouts ist durchaus korrekt und kann so übernommen werden.
Die Schriftarten sollten allerdings vereinheitlicht werden. Die Unterüberschriften sind z.T. schlecht zu lesen: Arial, Times New Roman, Verdana oder Tahoma wären besser. Alle Unterüberschriften sollten das gleiche Format haben, sodass kein Schrifttypenwechsel vorliegt.
Die ersten beiden Thesen sind so richtig, die dritte These ist jedoch zu lang und umständlich formuliert. Für das Handout würde hier Folgendes reichen: *Figur des Innstetten verändert*
Die Begriffserläuterung (Adaption) kann durchaus so stehen bleiben, allerdings ist der lange Wikipedia-Eintrag zu Julia Jentsch hier überflüssig.
Das Zitat aus dem Fassbinder-Film könnte an dieser Stelle aufgenommen werden, sollte aber von der Schriftgröße her dem übrigen Text angepasst werden, da er sonst zu stark hervorgehoben wird.
Eine Tabelle ist sinnvoll bei einer solchen Gegenüberstellung, allerdings sollte die Reihenfolge der verschiedenen Elemente sinnvoller gestaltet werden (von sehr allgemeinen Aspekten hin zu besonderen), z.B. Faktengruppen wie Schauspieler, technische Daten etc. sollten zusammengehörig dargestellt werden und die Aussageabsicht sollte erst zum Schluss stehen.
Das Fazit ist in Ordnung, könnte auf dem Handout jedoch noch knapper formuliert sein.
Wenn beide Filme gleich gewichtet werden, sollten zu ihnen etwa gleich viele Quellenangaben angeführt werden.

→ S. 37

15

Vorteile der Transparentfolien	Nachteile der Transparentfolien
Man kann während der Präsentation spontan etwas mit farbigen Folienstiften ergänzen.	Insbesondere bei farbigen Bildern: teuer im Ausdruck
Man kann die Folie zerschneiden und einzelne Teile während der Präsentation verschieben.	*Manchmal ist die Qualität schlecht, sieht „selbst gebastelt“ und weniger professionell aus als Computerfolien.*
Man kann zwei Folien nacheinander übereinanderlegen oder nur Teilbereiche sich überschneiden lassen.	*Sie sind etwas altmodisch.*
Wenn man nur 1–3 Folien hat, ist es weniger aufwändig als Computerfolien.	*Wenn man sehr viele Folien hat, geraten sie leicht durcheinander oder kleben aneinander fest.*
Sie sind technisch leichter zu erstellen als Computerfolien. Man kann sie mit der Hand beschriften, in den Fotokopierer legen oder direkt in den Drucker des Computers.	*Manchmal kann man sie schlecht lesen, insbesondere wenn die Schrift zu klein ist oder das Blatt zu voll beschrieben.*
Man hat einen konkreten Gegenstand in der Hand, nicht nur einen abstrakten Computerbildschirm.	*Es ist etwas aufwändiger, die einzelnen Folien während der Präsentation aufzulegen, als eine Computerfolie zu starten.*

Es sind weitere individuelle Lösungen möglich.

→ S. 38

16

Vorteile von Postern	Nachteile von Postern
Poster sind oft eindrucksvoll und farbenfroh.	Wenn man sich verschreibt, muss man das Poster neu gestalten oder etwas überkleben.
Man kann Bilder und Schrift gut kombinieren.	*Poster sehen manchmal etwas „selbst gebastelt" aus.*
Poster regen dazu an, kreativ zu werden.	*Es ist schwierig, sie optimal zu gestalten, die Aufteilung der Seite ist schwer zu planen.*
Man kann gut Collagen mit unterschiedlichen Materialien aus ihnen gestalten.	*Der Platz auf einem Poster ist sehr begrenzt.*
Sie sind weniger „flüchtig" als Computerfolien, hängen während der gesamten Präsentation an ihrem Ort, können auch für später – zur Wiederholung – aufgehoben werden.	*Sie nehmen viel Raum ein, d. h. man kann nur eine begrenzte Anzahl von Postern gleichzeitig in einem Raum aufhängen.*
Man hat einen konkreten Gegenstand in der Hand, kann auch ohne Computer arbeiten.	*Anschaffungskosten für Tonkarton*
Man kann auch ungewöhnliche Formen wie z. B. eine Mindmap darstellen.	*Wenn man keine ansehnliche Handschrift hat, wirkt das Poster nicht.*

Es sind weitere individuelle Lösungen möglich.

→ S. 40

18 *mögliche Lösung:*
Zur Erzählung *Die Verwandlung* würde ein Käfer passen, der vielleicht sogar noch menschliche Züge hat (z. B. aus Pappmaché). Man könnte so einen selbst gemachten Käfer auch mit Zitaten aus der Erzählung beschriften.
Zur Erzählung *Der Sandmann* würden Augen (z. B. aus Pappmaché oder aus Glas) passen. Wichtig wäre in jedem Fall, dass die Gegenstände mit den Erzählungen in Verbindung gebracht werden. Mitbringen allein reicht nicht, Sie müssen die Verbindung, die Sie sehen, auch in der Präsentation erläutern, d. h. Sie sollten unbedingt auf den Gegenstand Bezug nehmen und erläutern, welche Bedeutung das dargestellte Motiv im Zusammenhang mit Ihrem Thema hat. So könnte man z. B. ausführen, dass die psychische Befindlichkeit Gregors in der *Verwandlung* durch die Identifikation mit dem Insekt Ausdruck findet, dass der Erzähler nicht kommentiert, ob es sich um eine reale, physikalische „Verwandlung" eines Menschen in einen Käfer handelt oder um den literarischen Ausdruck eines psychischen Ausnahmezustands. Ähnlich gibt es im *Sandmann* keinen allwissenden Erzähler, der eindeutig kommentiert, ob Nathanaels Sichtweise (also seine „Augen") die Welt verzerrt wahrnehmen oder ob er „klarer" sieht als die anderen.

7 Durchführung der Präsentation

7.1 Verschiedene Hilfsmittel für ein gutes Gelingen

→ S. 43

3 Sie sollten versuchen, möglichst fest auf dem Boden zu stehen, das vermittelt den Eindruck von Selbstsicherheit.
Laufen Sie nicht aufgeregt durch den Raum, das macht Sie noch nervöser und offenbart diese Aufregung auch dem Publikum.
Versuchen Sie, tief und gleichmäßig zu atmen, das gibt Ihnen Ruhe.
Wenn Sie sehr aufgeregt sind, nehmen Sie etwas in die Hände, woran Sie sich „festhalten" können, z. B. Karteikarten, eine Computermaus, die Kante von einem Stehpult oder einen kleinen Ring, an dem Sie notfalls unauffällig Ihre Nervosität abreagieren können.
Sie sollten Ihr Publikum möglichst direkt ansehen. Wenn das nicht gelingt, suchen Sie sich einen Punkt im Publikum, auf den Sie schauen. Konzentrieren Sie sich auf diesen Punkt. Wenn Ihr Blick ziellos durch den Raum schweift und Sie es vermeiden, jemanden anzuschauen, wirkt das unsicher.
Machen Sie sich bewusst, dass Sie Expertin bzw. Experte für Ihr Thema sind; Sie haben sich so lange damit beschäftigt, dass Sie Ihren Zuhörerinnen und Zuhörern bestimmt einiges sagen können, was diese vorher nicht gewusst oder so nicht gesehen haben.
Versuchen Sie, die Aufregung, die Sie empfinden, nicht nur negativ zu sehen, sie gibt Ihnen auch die Energie, diese Stresssituation zu bewältigen.

Drehen Sie dem Publikum wenn möglich nicht den Rücken zu, zumindest nicht, während Sie sprechen. Lesen Sie deshalb lieber aus den Augenwinkeln mit, was auf dem Computerbildschirm/auf dem Overheadprojektor steht, drehen Sie sich z. B. nicht zur Projektionsfläche um, um etwas zu erläutern.
Sie können auch einen Laserpointer benutzen, um etwas auf der Projektionsfläche hervorzuheben. Dafür brauchen Sie sich kaum umzudrehen.

7.2 Einbeziehung des Publikums

→ S. 44

1 „Probiert/Probieren Sie, wie die Lieblingsplätzchen von G. E. Lessing schmecken."
Dies geht bei allen Schulklassen, wäre im Abitur allerdings ungewöhnlich.
„Beschreibt/Beschreiben Sie, was euch/Ihnen bei diesem Bild auffällt."
Dies geht bei allen Schulklassen, vielleicht auch beim beruflichen Gremium, keinesfalls im Abitur.
„Schreibt/Schreiben Sie alle Autoren der Aufklärung an die Tafel, die euch/Ihnen einfallen."
Dies geht bei allen Schulklassen, aber keinesfalls im Abitur.
„Könnt ihr euch/Können Sie sich noch erinnern, worum es in der *Ringparabel* ging?"
Dies geht bei allen Schulklassen, aber keinesfalls im Abitur.
„Weiß einer von euch/Ihnen noch, von wem das Zitat ‚Cogito, ergo sum' stammt?"
Dies geht bei allen Schulklassen, aber keinesfalls im Abitur.
„Ich möchte am Ende ein kleines Quiz einbauen, um zu überprüfen, ob alle die wichtigsten Inhalte verstanden haben."
Dies geht bei allen Schulklassen, aber keinesfalls im Abitur.
„Diese Darstellung haben wir vor kurzem in der Klasse entwickelt, um die Merkmale der Epoche zu veranschaulichen."
Dies geht bei Eltern oder einer Abiturkommission. In der eigenen Klasse ist das so nicht sinnvoll, da diese die Darstellung vermutlich kennt.
„Ich möchte Ihnen hier kurz vorstellen, wie Sie Geschäftsbriefe, die Sie in unserem Hause verfassen, stilsicher gestalten können."
So würde man am ehesten vor einem Gremium im beruflichen Umfeld sprechen.
„Diskutiert/Diskutieren Sie, wie es zu dieser Entwicklung gekommen sein könnte."
Dies geht bei allen Schulklassen und im Beruf, aber keinesfalls im Abitur.
„Den Einsatz der Medien kann ich – wenn Sie möchten – gern später im Kolloquium noch erläutern."
Dies ist in dieser Form nur in der Abiturprüfung sinnvoll.
„Ich werde am Ende Zeit für Nachfragen lassen."
Bei Schülern der Sekundarstufe I wäre es besser, schon in der Mitte der Präsentation einmal Zeit für Fragen zu lassen; Oberstufenschüler und Kollegen im Beruf können schon bis zum Ende warten. In der Abiturprüfung ist ohnehin klar, dass Sie am Ende noch Zeit für Fragen lassen. Da sollten Sie das nicht extra erwähnen.

8 Vorbereitung auf das anschließende Kolloquium

→ S. 45

1
- die Medien benennen, die Sie benutzt haben.
- die Funktion beschreiben, die die Medien in Ihrer Präsentation hatten.
- Ihre Vorgehensweise begründen.
- die Wahl der von Ihnen verwendeten Medien begründen.
- überlegen, welche Alternativen es gegeben hätte, das Thema zu präsentieren.
- abwägen, welche Vor- und Nachteile die von Ihnen gewählten Methoden haben.
- mit dem Inhalt des Themas die Wahl der Methoden begründen.

→ S. 46

3 Die gesamten Zweige „Gesellschaft" und „Protestbewegung" sind relevant; der Unterzweig „neue Charaktere" ebenfalls und der „Pantheismus", der ganze Zweig „Roman" ist wichtig und alles, was zur „Sprache" in der Mindmap steht. Der Zweig „Goethes Werther" ist natürlich wichtig und „Der junge Goethe". Als Vorbild ist vor allem „Klopstock" wesentlich, der im Roman von Werther und Lotte direkt erwähnt wird.

Sich auf mögliche Fragen vorbereiten

Die Angst vor einer Präsentationsprüfung hängt manchmal auch mit der Sorge zusammen, dass man anschließende Fragen nicht beantworten kann. Diese kann eingedämmt werden, wenn man sich schon vorher überlegt, welche Fragen möglicherweise gestellt werden.

Es kann niemand von Ihnen verlangen, allwissend zu sein. Interessanten Fragen, die den Rahmen Ihrer Präsentation überschreiten, können Sie auch im Nachhinein noch nachgehen.

Folgende Satzbausteine entstammen möglichen Fragen und helfen, passende Antworten zu formulieren.

Fragen

- Vergleichen Sie ... mit ...
- Ordnen Sie ... in den Rahmen von ... ein.
- Erörtern Sie, inwiefern ... im Kontext von ... eine Rolle spielt.

Antworten

- Beim Vergleich von ... mit ... fällt zunächst auf: ... .
  Wenn man jedoch genauer hinschaut, wird einem klar, dass ...
- Wenn man ... in den Kontext von ... einordnen will, so muss man zunächst bestimmen, ...
  Erst dann kann man sagen, dass ...
- Einerseits ..., andererseits ..

5 Notieren Sie mögliche Aufgaben, die die Prüfenden Ihnen zur Einbindung Ihres Themas in den Unterrichtskontext stellen könnten, und beantworteten Sie sie dann.

Wenn Ihnen auffällt, dass Sie Schwierigkeiten bei der Beantwortung der Fragen haben, recherchieren Sie noch einmal. Es ist besser, wenn Sie das schon zu Hause merken, als wenn es Ihnen erst in der Prüfung bewusst wird.

Wenn Sie dieses Heft durchgearbeitet haben, sollten Sie gut auf Ihre Präsentation vorbereitet sein. Gönnen Sie sich am Tag davor ein wenig Ruhe und Abwechslung, dann gehen Sie gestärkt und ausgeglichen in die Präsentation.

Viel Erfolg dabei!

Autoren- und Textquellenverzeichnis

Bölsche, Jochen (*1945): *Überall Fliegendreck,* S.12f. Aus: Der Spiegel, Heft 26/2000, S.118
Crystal, David (*1941): *Typisierung nach Otto Jespersen,* S.16. Aus: Cambridge Encyclopedia of Language. Cambridge University Press, Cambridge 1995, S.288f.
Goethe, Johann Wolfgang von (1749–1832): *Die Laune des Verliebten,* S.20. Aus: Werke. Hamburger Ausgabe. Band 4: Dramatische Dichtungen II. Hg. von Wolfgang Kayser. dtv, München 1998, S.7f.
Haushofer, Marlen (1920–1970): *Die Wand* (Auszug), S.29f. Aus: Die Wand. claassen Verlag GmbH, Düsseldorf 1984, S.14f.
Mauthner, Fritz (1849–1923): *Gibt es die Ursprache?,* S.15. Aus: Beiträge zu einer Kritik der Sprache. Zweiter Band, Kap. X: Entstehung der Sprache. Cotta, Stuttgart/Berlin 1912
Schmitz, Heinz-Günter (*1938): *Über die Sprachloyalität der Deutschen,* S.18f. Aus: Der Anglizismen-Index. Hg. von Gerhard H. Junker. IFB Verlag Deutsche Sprache GmbH, Paderborn 2009
Sick, Bastian (*1965): *Weil das ist ein Nebensatz,* S.22f. Aus: Spiegel online, 18.05.2005, www.spiegel.de/kultur/zwiebelfisch/0,1518,350013,00.html [09.12.2009]

Bildquellenverzeichnis

S.18: © Flix, www.der-flix.de; **S.33 oben links:** picture-alliance/imagestate/HIP, **oben rechts:** picture-alliance/dpa/dpaweb, **unten:** picture-alliance/akg-images; **S.31, 42:** © Tanja Stock, Aachen; **S.34:** picture-alliance/dpa; **S.38:** © Catrin Siedenbiedel

Redaktion: lüra – Klemt & Mues GbR, Wuppertal
Illustrationen: Amelie Glienke, Berlin
Umschlaggestaltung: Rosendahl Grafikdesign, Berlin
Layout und technische Umsetzung: Katrin Tengler, Berlin

www.cornelsen.de

Die Links zu externen Webseiten Dritter, die in diesem Lehrwerk angegeben sind, wurden vor Drucklegung sorgfältig auf ihre Aktualität geprüft. Der Verlag übernimmt keine Gewähr für die Aktualität und den Inhalt dieser Seiten oder solcher, die mit ihnen verlinkt sind.

Dieses Werk berücksichtigt die Regeln der reformierten Rechtschreibung und Zeichensetzung.
Bei den mit [R] gekennzeichneten Texten haben die Rechteinhaber einer Anpassung widersprochen.

1. Auflage, 1. Druck 2010

Druck: CS-Druck CornelsenStürtz, Berlin

ISBN 978-3-464-60211-9

Inhalt gedruckt auf säurefreiem Papier aus nachhaltiger Forstwirtschaft.